邱光平访谈录

刘　淳·著

山西出版传媒集团 ⦿ 三晋出版社

图书在版编目（CIP）数据

邱光平访谈录 / 刘淳著. —太原：三晋出版社，
2015.4
（中国当代艺术家访谈丛书）
ISBN 978-7-5457-1128-8

Ⅰ. ①邱… Ⅱ. ①刘… Ⅲ. ①邱光平—访问记 Ⅳ.
①K825.72
中国版本图书馆CIP数据核字（2015）第 061699 号

邱光平访谈录

著　　者：刘　淳
责任编辑：张继红
助理编辑：张　婷
责任印制：李佳音

出 版 者：山西出版传媒集团·三晋出版社（原山西古籍出版社）
地　　址：太原市建设南路21号
邮　　编：030012
电　　话：0351-4922268（发行中心）
　　　　　0351-4956036（综合办）
　　　　　0351-4922203（印制部）
E-mail：sj@sxpmg.com
网　　址：http://www.sjcbs.cn

经 销 者：新华书店
承 印 者：山西臣功印刷包装有限公司

开　　本：787mm×960mm　　1/16
印　　张：16.25
字　　数：160千字
版　　次：2015年4月　第1版
印　　次：2015年4月　第1次印刷
书　　号：ISBN 978-7-5457-1128-8
定　　价：98.00元

我们正在踏入没有出路的陷阱，
迫使每个人仰天呼唤，
以求得更深更深地全部淹没。

——题记

第一部分

抓紧了呵，于是我们冲下去。在山中，你会感到舒畅。

——艾略特

刘　淳：我第一次见到你时，你留着长发和胡须。据说，长发与胡须在过去很长时间成为你的特征，所以被人们称为"邱克思"。这次见到你，你居然变成一个光头，我想知道为什么会发生这么大的转变？

邱光平：前不久开车去西藏走了一圈，大概一个多月吧，最远跑到阿里，到了藏传佛教的中心点冈仁波齐。我在山下感觉到一种从未有过的神圣，所以就决定把头发剃掉，而且还埋在神山的下面。

刘　淳：为什么在最神圣的地方将头发剃掉呢？

邱光平：也许是在我的心中产生了一个关于艺术的愿望吧。

刘　淳：愿望跟头发有什么关系呢？

邱光平：我这次走进藏区所感受到的东西很多，认识也很深刻，所以就产生一种要通过艺术的方式将其呈现出来的想法和冲动。也许这个过程是三年，也可能是五年甚至更长的时间，于是就剃掉了头发，然后将其放在神山下面，我就成了光头。

刘　淳：剃掉头发，然后埋在神山下面，这意味着什么？

邱光平：其实，头发是在不断生长的，所以，我想等我把我的感受完全释放出来，然后用视觉的方式在展厅呈现一个展览，那时候再刮一次头，到时，它和在西藏埋进去的头发就完成了一次头发自身的重生，或者叫轮回。同时，也意味着我的艺术的重生或轮回。

刘　淳：据我所知，在西方，一个人的发型发生了变化，大概意味着他的人生观和世界观可能都将发生改变。比如一个艺术家的发型有了变化，就意味着他的艺术将发生重大改变。中国人似乎没有那么多的讲究……

邱光平：西方的概念或习俗我不太清楚，但在我的内心深处，还真的有一种发生转变的动力。刚开始的时候我自己也不习惯，很多朋友看到这个形象之后都很吃惊，说怎么变成这个样子啦？其实朋友们是看惯了"邱克思"的那种发型和胡须，但很快也习惯了光头，连我自己也习惯了。其实我剃光头不仅是一种表面的行为，内心深处剃头的过程只有我自己知道。或者说，我是在跟自己较劲，我要让这个头发重新生长出来，直到我把触动我内心深处的东西做成艺术品，就是这个意思。

刘　淳：以前一直是长发吗？

邱光平：对，好像自从我学习美术以来一直都是留着长发，早已习惯了。也没有什么刻意性，就是一种习惯，久而久之，就成了一个人的标志了。

刘　淳：这个光头是在西藏的什么地方剃的？

邱光平：西藏阿里地区的塔尔钦小镇。

刘　淳：在理发店剃的？

邱光平：不是，是自己剃的。

刘　淳：是剃的还是刀刮的？

邱光平：这个过程挺有意思的。那天我们到了神山脚下，那里有一个很小的小镇，叫塔尔钦，来自世界各地的游客都会住在这个小镇上。我们也住在小镇上，所到之处都是海拔5000米以上。到垭口时海拔5800米，呼吸明显困难。第二天一大早我们就出发了，一点一点地往山上挪，到下午四五点钟时，我们到了一个休息站，叫作补给站，其实就是藏民搭的帐篷，还有武警官兵搭的临时板房。那个地方叫执热寺，是一个寺庙，我们就住在这个地方。当夕阳照射神山时，不知道触动了我的哪根神经，我突然来了感觉，拿上几块准备好的红色和黄色的布，和助手等人一起来到后山。后山的风很大，我当时站在一块大石头上

《发鸣》
时间：2014年6月6日19点40分至20点50分
地点：冈仁波齐执热寺
海拔：5100米

面，背景就是冈仁波齐。冈仁波齐的形状就像金字塔，那里还有积雪。

刘　淳：终年不化的积雪，还有在夕阳映照下的冈仁波齐……一定是一道非常壮观的景色。

邱光平：是的。当时风特别大，我就披着黄布站在那儿，真的有一种灵魂出窍的感觉。

刘　淳：当时你是光着身体还是着衣？

邱光平：着衣，是穿着衣服披着黄布的，裸体会有生命危险。我就披块黄布站在那儿，当地的武警很敏感，马上过来询问。我当时萌生了剃头的想法，因为山上的风特别大，时间久了会感冒，在西藏感冒是件很危险的事情，所以赶紧让助手帮我剃头。

刘　淳：就在山上剃的？

邱光平：是的。当时就在山上拿着推子弄了一个多小时，而且用了两个推子都不灵了，最后剃到一半就没有再剃……

刘　淳：什么原因？

邱光平：不知道。到了一定的海拔高度，剃头的推子都不灵了，剃了一个多小时，最后实在没办法了，就用小剪刀一点点剪完的。

刘　淳：那不就像狗啃的一样吗？

邱光平：是呀。整个过程很艰难，很不顺，但总算是胡乱弄完了。最后我把剃掉的头发用黄布包裹起来，找了一块大石头把它埋进去了。

刘　淳：挖坑了吗？

邱光平：不用挖坑，就是用石头把它压住。在当地，如果藏民看到用石头堆起来的东西，他们还会继续加石头的，这是一种藏人的习俗。

刘　淳：为什么还要埋起来？

邱光平：当时我想，12 年是一个轮回，如果12 年之后我还能再去的话，我一定能够找到它。也许，头发只是一个外在的形式，重要的是对神山的感受，还有我的许愿，它永远在我的心中。

刘　淳：光头长出头发以后，还继续留长发吗？

邱光平：好像已经习惯光头了，感觉很舒服。长发有些麻烦，每天都要洗。也可能还要留，为了许的那个愿……

刘　淳：这么说，你在神山之巅的大风中削发，还真的有点庄严和悲壮的感觉，还有点仪式感。

邱光平：在那样的环境中，我相信谁都会被神山触动。确实有一种庄重感，有一种神山不可冒犯的庄严和敬意。

刘　淳：你留光头的形象很像作家马原，他是20 世纪80 年代中国最优秀的小说家之一，他在西藏生活了很多年，写过很多非常优秀的小说，在国内影响很大。马原年龄比你大，块头比你至少大一圈。你俩长得还真有点像，尤其是脸型，还有那种感觉……

邱光平：是吗？有机会认识一下，他有没有胡子？

刘　淳：有胡子，但他常年都是寸头。

邱光平：其实，我从内心还是挺怀念长发的。

刘　淳：怀念什么？是那种艺术家的感觉吗？

邱光平：说不清楚，也许是吧，也可能怀念的是那种感觉。

刘　淳：20 世纪80 年代以后，很多年轻人都往西藏跑，有的到西藏是工作，有的采风，有的是一种英雄壮举，有的或是感受神秘寻找灵感。无形中形成一种"西藏热"……

邱光平：的确，80 年代有很多艺术家、诗人、作家、音乐家和电影人等

《克思的马车》
时间：2007 年
地点：珠峰
海拔：5300 米

克思的马车 手稿 纸本炭笔 50×80cm 2009

都往西藏跑，大概是去寻找灵感。最有名的是陈丹青的《西藏组画》，也包括艾轩的油画作品等。我的老师程丛林也画了很多关于西藏的作品。因为西藏有一种神奇的力量，西藏有神秘的宗教，特殊的地域和特殊的文化背景让人产生好奇，于是在内心就产生一种向往。现在我们再来看西藏，那些作品其实跟他们本身关系并不太大。陈丹青画了《西藏组画》，可是西藏和他生活本身并没有太大的关系。

刘 淳：但在他之前很少有人去过。

邱光平：正是因为陈丹青之前很少有人去过，很少有人画过，所以才形成一种所谓的"西藏热"，把西藏人用油画的方式表达出来。直到今天，西藏依然是很多搞艺术的人梦想的地方，包括我在内。我2007年去过一次，在珠峰大本营做了一个行为作品，光着上身，在海拔5200米的高原做了一个《克思的马车》的行为作品。用一种朝拜的方式去体验高原的那种特殊的神秘感觉。我一直在想，究竟是什么样的精神力量让西藏人在空气稀薄的地方世世代代生存下来?! 这是我在西藏印象最深刻的地方。
我想研究的是西藏人的精神力量。其实，就是宗教的力量。他
们有信仰，你想在高海拔、严重缺氧的地方活下来，他们靠什
么？靠的就是信念和意志。物质对他们来说根本不重要，整个
家族所有的财富只有一个目的，最后全部献给佛祖，就是在这
种精神的支撑下他们一辈辈活下来。

刘　淳：它对你的艺术产生怎样的影响？

邱光平：2007 年从西藏回来之后，这种想法一直在我内心延伸，种种追
问一直缠绕在我的心中。最主要是想找到一种表达方式，但是
你又不能画成像陈丹青的那种油画。尤其在今天，那是缺少智
慧的做法，也没有任何意义。所以在七年之后，我又组织了一
次活动，叫"转转转——邱光平千山万水艺术项目"的活动，
将时间和空间拉大，等于我把自己重新放到那个环境中去。这
次时间更长一些，还是去体验和感受，对一个艺术家来说，没
有比亲自体验和感受再重要的东西了。对于我来说，去了就会
有不同的感受，有了感受就会激活你的创造力。

刘　淳：感受，对任何一个艺术家都会有的，那么你到西藏究竟想要寻
找什么？

邱光平：这才是我要思考的问题。我一直想把我的广东经验，就是早年
我在广东打工时的生活与经历，与高原上的西藏人产生某种内
在的联系。是什么样的精神力量支撑着那些打工仔继续在那个
地方生存。他们已经是第二代或第三代打工仔了，他们再也回
不到故乡了，那是一种没有时间概念的漂泊。所以我想，从人
的意义上说，他们之间究竟有没有一种联系？这才是我要思考
的核心问题。

刘　淳：你是要找到一条内在的线索？

邱光平：对。一想到这两个不同的群体时，我就开始兴奋。我一定要找

到他们中间的那条潜在的暗线。最让我兴奋的是，一个是最高海拔点，一个是最低海拔点。这种巨大的反差使我在研究与分析上产生极大的兴趣。

刘　淳：这是两个截然不同的群体……

邱光平：两群人。一群人对来世充满理想和美好愿望，他们的表情完全流露出来。目光中充满对未来的期望，叫作快乐修行。另一群人对未来充满迷茫。一方有信仰，另一方却根本没有信仰。

刘　淳：从地域上说，一个是物质最发达的地方，一个是物质最匮乏的地方。

邱光平：没错。所以有些东西逐渐清晰，头绪慢慢就会捋出来。现在正在研究的过程当中，开始找到兴奋点了。我用我的肉身在西藏的最西端找到了一些感觉，也许那就是一种精神的力量。你看那些苦苦修行的人，他们除了信仰之外，夹杂着愚昧、落后和无知。西藏的资讯很不发达，但他们就是靠着这种信仰而获得了幸福感，所以他们的精神很饱满。与他们对应的是广东的打工仔，他们中有高智商的人，有知识分子、诗人、文化学者等，什么身份的人都有。但是他们追求的是物质，吃的穿的用的肯定比高原上的人要好得多，但他们没有幸福感，因为他们没有信仰。所以在两种文化的对应中，激发了我的研究兴趣和热情，下一步的工作重点就是在这方面的研究上。

刘　淳：这次西藏之行走了多长时间？

邱光平：时间跨度是33天，整个行程一万多公里。

刘　淳：走了很多地方？

邱光平：西藏大部分地方都去了。最西边走到狮泉河，再过去就是印度了。藏北无人区，真的是没有人烟的地方啊。地貌和景色就不用多说了，绝对是中国最美的风景，但那种美就是一种荒芜和苍茫的美。到了阿里地区连一棵树、一根草都没有，那种反差在你的视觉和心中非常震撼。也许那就是我心目中的天堂山水。

刘　淳：为什么选择西藏而不是别的地方？同样是去寻找灵光吗？

邱光平：选择西藏是我想研究西藏高原上的那些人，而不是要去摸顶。我不是去寻找所谓的灵光，我还在上面做了一些行为作品。在纳木错，我试着去感受西藏人的那种状态，我在冈仁波齐转山时，徒步行走，肉身之苦我也尝试过。那种转的体验和记忆对我来说非常重要，但不是去寻找灵光，我是去体验和感受的。跟藏民无法交流，一切都得靠自己。这个活动除了消耗体力之外，耗资也是非常重要的一项，可能很多艺术家是不可能做到的，要你真的拿出二三十万出来，也许产生不了什么效益，你愿意还是不愿意去做？！但是这个活动对我来说很重要，对我的人生经历和以后的艺术创作都非常重要。也许，选择西藏就是我选择了一种人生和艺术的态度。

刘　淳：西藏人有自己的生活方式，而且是千百年不变的。它不需要任何人去打扰。但是我们总是站在自己的角度认为人家苦啊、落后啊，其实人家很快乐，很幸福。所以我觉得这是一个标准的问题而不是高低的问题。

邱光平：对啊。一开始我们到西藏的时候，我们是用一种从上而下的眼光去看他们。说实话，人家幸福着快乐着呢！我真的挺羡慕他们的！只是因为环境我适应不了。现在旅游业非常发达，很多人都可以进去，很多藏民也可以出来。我觉得真正有幸福感的是甘孜阿坝地区的牧民，他们的收入其实也挺高，养牦牛、挖虫草，农闲时载歌载舞。那种感觉特别好，只是我们融不进去人家的生活，因为那是人家多年积淀的文化和习俗。

刘　淳：你在文章中曾经说过到西藏是为了完成一次彻底的灵魂净化，

我想知道什么是灵魂净化？如何获得？

邱光平：所谓的灵魂净化其实对谁都会有的，只是目的不同而已。西藏是每一个艺术家都向往的圣地，那是一片真正的神山圣湖，但是你很难融入。比如说苦修，你就在那个环境里待半天，你说你灵魂升华了？要想获得灵魂的升华，你就要进入到他的宗教里面，你要去苦修，也要去打坐，要去念经。我承认他们的眼睛都很干净，因为他们每天只想着一件事情。他们的世界很单纯。如果把他们放在我们这个复杂的社会环境中，可能他们一点都不适应。关于灵魂的洗礼，通过艺术的方式同样可以进行。宗教是一种修行，是一种信仰。

刘　淳：也是一种无法放弃的生活方式。

邱光平：对。所以我既然选择了艺术，那干脆就把艺术也做成我自己的"宗教"，你信仰它你就会幸福。所以我很有幸福感，因为我变得简单了，我要把艺术作为我的信仰方式，这也是一次灵魂的升华，我是这样看的。

刘　淳：2007 年你第一次到珠峰大本营，周边肃穆的环境和崇高的形式给你很大的刺激和震撼。所以我一直在想，你创作的动力必须是在一种外部条件的强烈刺激下才能被激活吗？

邱光平：外部环境，无论对我还是任何一位艺术家都很重要。如果没有外部的环境，艺术家的创造动力从何而来呢？！他的激情从何而来？！

刘　淳：所以说，外部环境对艺术家的创造是一种最直接的推动作用。

邱光平：对，外部环境会产生一种刺激作用，而这种刺激直接产生一种动力和欲望。所以每当我创作的时候，我喜欢熟悉的不熟悉的人来看我画画。有人观看我创作也是一种刺激，就像我在高原上，外部环境对我的身体产生了一个刺激，于是就产生一种冲动，很有想表达的欲望。2007 年在珠峰时我是在零下几度将衣服脱掉，当时我只是想，如果能坚持10分钟，我就成功了。我坚持了50分钟，走了9里路。

刘　淳：披着红布？

邱光平：对。而且是越来越兴奋。但是后来想起来还是很后怕的，一旦感冒就是肺水肿，很可能会死在那个地方。你只有把生命留住，才能不断的进行艺术创作。所以我这次再去西藏时，准备得比较充分，也不做过激的行为和动作。我们一行12人，最后只有7个人翻过了冈仁波切山。有些人不能硬撑，硬撑就要伤及到生命。很多旅游者、冒险家和徒步的人在那儿就把命丢在了高原。那种高原反映一旦来了，什么病都跟随而来。

刘　淳：假如说没有西藏那空旷、空寂和荒凉的高原，你的创作还会有灵感吗？

邱光平：会有的。我会去找别的地方。可能去新疆，也可能去非洲。反正我在西藏找到的那种感觉一定要在广东沿海的发达城市去找另外一种感觉来对接。如果仅仅是空旷和荒寂，都不能让我找到一个兴奋点，关键是，这种兴奋的对应点一定要回到城市中，因为城市才和你发生关系，西藏和你并没什么直接的关系。所以，我计划下一步还要去广东，最热的时候去广东，跟那些打工仔一起生活，去感受他们的生存状态以及他们和城市的关系。

刘　淳：西藏对你来说究竟意味着什么？

邱光平：陌生感！陌生感就会对我有极强的吸引力。把你扔到一个陌生的环境里面，你的各种神经开始动起来了。

刘　淳：是不是所有属于人的欲望和好奇，都被这个神奇的地方调动起来了？

邱光平：是的。比如把你扔到西藏的高原上，人的求生欲望马上就暴露出来。西藏对我来说会有刺激，那种陌生感会刺激我，激活我的很多神经，我就会做出反应。如果有一天我对那里非常熟悉了，陌生感没有了，我就不会再去了。

刘　淳：西藏的色彩对你有触动吗？

邱光平：当然有。西藏有几个颜色我想说一下，它是我感触最深的。一个是西藏的蓝，这种蓝有天空的蓝和湖水的蓝；还有寺庙的红，喇嘛身上穿的那种红；还有黄，黄也是藏传佛教中要用的颜色；还有一种白，寺庙中墙的白色。要在这几个颜色中找到一条通道，红、黄、蓝、白这几种颜色是色彩中的原色。

刘　淳：所以对你来说，有时候艺术的状态比艺术更重要。

邱光平：是的，完全是这样。我觉得状态更重要，如果状态都没了，艺术生命也就结束了。比如西藏，它的陌生感带给我很多很兴奋的点。这一点非常重要。

刘　淳：其实，人真的是需要艺术，因为通过艺术可以不断地认识自己，调整自己和更新自己。

邱光平：对艺术家来说，应该是这样的。我觉得不断地更新，不断地调整，对于艺术创作的状态是很重要的。我不断地行走，就是想认识并调整之前的创作状态，使自己的艺术生命得以延伸。

刘　淳：你到西藏去并不是为了寻找西藏，而是去寻找自己。就是你自己没有发现自己的那一部分。其实我们每个人都有这个问题，我们并不了解自己。通过千山万水的行走、观察和反思，希望发现自己没有被发现的那一部分。

邱光平：完全有这个因素。比如这次到西藏，事先并没有周密的计划和安排。第二天去哪儿我也不知道，一切都没有计划，一切充满了未知，什么都可能发生，我也不知道明天会发生什么。我觉得这种状态恰好强化了那种陌生感。

2007 年在珠峰大本营完成行为艺术《克思的马车》后

刘　淳：以后还会去吗？

　　　邱光平：一定要去的，而且还要去很多次，直到那种陌生感完全消失为止。

第二部分

你说不出，也猜不着，因为你只知道一堆破碎的形象，受着太阳的拍击……

——艾略特

中学时代的邱光平（中间坐地者）

刘　淳：我们谈谈你的个人情况。你是四川自贡人，当年走出那个小山村到重庆求学，从重庆又南下广东，再后来到了成都，你是大学毕业转了一大圈之后又考上研究生的吗？

邱光平：是的，大学毕业后在广东工作了很多年，后来又求学，然后又考上研究生。就是这样一路走过来的。

刘　淳：哪一年大学毕业的？

邱光平：我是1996年从四川美术学院毕业的。

刘　淳：油画专业？

邱光平：对，是油画专科。

刘　淳：为什么是专科？

邱光平：专科花钱少，时间短；本科花钱多，时间还长。

刘　淳：研究生是哪一年？

邱光平：2003年入学，2006年毕业。

刘　淳：当年你刚刚走出四川美院校门时，最想做的是什么？

邱光平：就是赚钱。

刘　淳：赚钱是你当时唯一的目标吗？

邱光平：是的。我从学校一毕业就到广东漂泊去了，那时候很多人纷纷南下，到广州深圳等沿海城市打工挣钱。总是幻想着那边的钱特别好挣，就像天上掉馅饼一样，但是到了那里才知道，沿海城市的快节奏让我们这些刚刚从美院走出来的学生感到很不适应，节奏太快，生存发生困难，与我们的想象和各种信息完全不一样。我在广东待了三年多，攒了一点钱，然后又去中央美院进修了一段。

刘　淳：三年多时间都在什么地方？

邱光平：在广东省内到处跑，广州、深圳、东莞等好几个地方都待过，哪儿能挣钱就往哪儿跑。

刘　淳：那会儿你主要做什么？

邱光平：做得很多，刚开始在东莞一家台资企业做设计。

刘　淳：你是学油画的，设计能行吗？

邱光平：为了生存，只能是硬着头皮上。设计花布的图案，我在那个厂里待了八个月，觉得生存非常困难，说好的工资到时候老板会扣掉一部分，好几百块钱，在当时对我来说不是个小数目。

刘　淳：当时大学毕业时，就没想着在体制内找一个工作吗？

邱光平：其实，我们毕业那个时候是有分配工作的，那时候找工作还不是特别难。当个中专或中学教师、文化馆干部之类的还是比较容易的，而且也挺舒服的。我记得当时被分到我们自贡市文化局，然后文化局又把我分到下面一个部门，我一看就知道自己不会做久，所以就没有去报到。有个同学说有一个台资企业到学校来招人了，于是一帮学生扛着行李就南下了。我记得是在重庆坐的火车，就是那种闷罐车。

刘　淳：那得坐好几天吧？

邱光平：两天三夜到了广州。推开车门下火车时，一股热浪扑面而来，空气里面夹杂着火车站乱七八糟的味道……那时我就想，以后我将在这样的环境里开始生活了。我后来有些作品跟广东的经验有关，因为它是我毕业后第一次面对社会时的印象。

刘　淳：一个刚刚走出校园的学生，一下子被甩到中国改革开放的最前沿城市，那是一种什么样的感觉呢？

邱光平：那时年轻，有一种懵里懵懂、四处闯荡的精神和勇气。我在东莞待了八个月后来去了深圳，画广告牌、跑销售等，因为普通话不行，所以造成沟通上的障碍。

刘　淳：也不能总这么漂着呀。

邱光平：后来在深圳一家画廊里临摹画，我就觉得这个工作非常不错，一个月挣好几千块钱，那时候已经是很高的工资了，一下子就觉得生存有了保障。而且就是手里拿着一支画笔，这支画笔可以让我生存下来，这一点对我非常重要。其实像我们这些从农村出来的孩子都能吃苦，那时我一天要工作14个小时，我现在还记得我手上被磨出一个大茧子，就是为了挣钱。

刘　淳：在画廊工作了多久？

邱光平：大概两年的时间。

刘　淳：临摹什么？

邱光平：全是欧洲古典油画作品，我在学校根本没有看到过那些图片，非常清晰，都是那些文化公司从外面弄回来的。

刘　淳：不是深圳的那个闻名中外的大芬村吧？

邱光平：不是，大芬村我也待过，但时间很短。我工作的画廊是香港的
　　　　一家文化公司，半年之后我就成了业务主管。

刘　淳：老板看中了你的专业能力还是什么？

邱光平：其实我的生存能力特别强，刚去的时候人家让你画一张画，看
　　　　你的手艺和技术行不行。说到底就是看你的专业水平，你拿什
　　　　么作品集呀、学历呀人家看都不看，别跟人家说你是哪个美院
　　　　毕业的，人家听都不听，就看你的业务能力。我们那里的员工
　　　　都是中国八大美院的毕业生，人家主要看你的动手能力。

刘　淳：对，这就是社会，这就是市场，很多时候，人生也许就这么残
　　　　酷。那么你的第一件作品画的是什么？

邱光平：我的第一件作品画的是德加的一张画，是一群跳舞的人，下面
　　　　是穿黑衣服的乐手，画面上几十个人。我画了差不多三天时
　　　　间，很精细，用尽了我的能力，可以说是将在学校里学到的东
　　　　西全部用上了。因为我的模仿能力特别强，所以那件作品非常
　　　　出色，后来那张临摹品就挂在老板的办公室里。

刘　淳：说明你得到老板的信任，也开始对自己有信心了。

邱光平：是的。其实那时候，我画的每一件临摹品都不是纯粹的商品
　　　　画，我在每一件作品上都添加了自己的感受和自己的思考。比
　　　　如色彩的变化和肌理处理等，我是一直在思考中进行的，几乎
　　　　每一件作品都是这样完成的。现在回过头去看，那两年对我来
　　　　说特别重要，虽然我读的是大学专科，但对于我来说，那两年
　　　　相当于读了两个本科。

刘　淳：对于你，那是观看、思考与实践的一段时光。

邱光平：是的。每天什么都不想，就是画画，天天都在画画。面对非常
　　　　非常好的图片，让人特别激动。每一次面对那些清晰的图片

时，都从心底生出一种信念，每一件作品对我都是一次挑战。这么多年过去了，有时候很想念那段时光，很想再看一看当年的那些画。

刘　淳：早就被老板卖了吧？

邱光平：我们每次画完就被老板卖到国外去了，他和国外是有订单的。

刘　淳：但是就想这样为赚钱而一直画下去吗？

邱光平：当时的想法比较简单，就是一心想赚钱，而且是靠自己的手艺赚钱。当时也有一种想法，赚了钱再去中央美院继续学习，这是我最大的愿望。

刘　淳：为什么要去中央美院学习？

邱光平：中央美院是中国美术的最高学府，是所有学画的人做梦都想去的地方。

刘　淳：那时一个月能赚多少钱？

邱光平：最好的时候每个月可以拿一万块钱的工资，1998年时一个月挣一万块钱，大概在内地还没有吧，而且我是靠自己手中的一支笔就可以挣到一万块钱的。当时我是公司的业务主管，负责对所有作品的验收，验收要具备一定的眼光，我说不行就不行。我们老板是香港人，我要离开的时候他对我说，本来让我去美国的，我说我一定要去中央美院进修，什么东西都不能阻止我去学习的愿望。

刘　淳：哪一年去的中央美院？

邱光平：1999年秋天，那是我第一次去北京，去了就交了一年的学费，还要在外面租房。当时中央美院已经搬到花家地了。

刘　淳：到了中央美院感觉如何？

邱光平：其实，我学了一个多月就不想学了，就想离开。

刘　淳：为什么？

邱光平：与自己脑子里的中央美院反差很大。开始是不习惯，从一个很
　　　　热的地方突然跑到很冷的地方，这种气候的反差让我非常不适
　　　　应，饮食也不适应，环境和艺术氛围也不适应。

刘　淳：中央美院是中国最高的艺术殿堂，怎么会有这么多的不适应
　　　　呢？

邱光平：我们一进去就画人体，当时教我们的老师是施本铭和洪凌等
　　　　人。进修班的同学大部分是北方人，而且都是文化馆和师专的
　　　　老师。我记得当时他们都是三四十、四五十岁的人，我是班上
　　　　年龄最小的，但我是班上画得最好的。每次完成作业之后，老
　　　　师对我只说两个字：不错。我突然间产生了一种失落感，难道
　　　　"不错"两个字就把我打发了？！所以特别怀念我的母校四川
　　　　美院。

刘　淳：为什么会怀念川美？

邱光平：当一个人在一个陌生的环境中感到孤单和寂寞时，就会怀念另
　　　　外一个他曾经生活过的地方。另外可能我是一个南方人，在语
　　　　言表达和沟通上有距离。我发现没几天老师就和那些年龄大的
　　　　同学混成哥们儿了，我根本沾不上边儿，所以就开始怀念四川
　　　　美院。川美的学术氛围非常活跃，也很自由，老师跟学生之间
　　　　就像哥们儿似的。尤其是黄桷坪那地方，乌烟瘴气乱七八糟的
　　　　我特别喜欢，我觉得那是我生活和工作的最佳环境。

刘　淳：退学的事情顺利吗？严格上说是不允许的。

邱光平：我记得那时已进入北方的初冬，天黑得特别早。我特别想回重
　　　　庆，但一年的学费已经交了。怎么办呢？横下心来去找学校的
　　　　有关方面，要求退学费。没想到老师非常客气，很快就给我办

理了退费手续。后来班上好几个学生都想退，但都没有退成。

刘　淳：为什么？

邱光平：道理很简单，要是都退学的话，那个班毫无疑问就黄了。

刘　淳：怎么会这样呢？

邱光平：不知道为什么，后来的情况我也不知道了。

刘　淳：你在中央美院学习了多长时间？

邱光平：总共有两个月吧。最让我感觉不好的是，下午的光线很快就暗下去了。老师走了，同学们也陆续走了，光线暗了就不能画了，教室很快就空了，这是让我感到最晦气和难受的时候。

刘　淳：为什么非要选择离开呢？也许你并没有真正感受到中央美院真正的学术氛围。

邱光平：也许是吧。但当时就是迫不及待地想离开。

刘　淳：然后就返回四川美院？

邱光平：在艺术界，川军的崛起与当时的四川美院有直接的关系。对我来说就是想把画画好，还没有想当艺术家的愿望，那时候特别单纯。当年，我从这个地方毕业走出，今天又回来了，而且是继续学习，那种感觉真的是很舒服的，是一种从内心深处涌出来的舒坦。当时在学校外面租了一个房子，报了一个进修班。其实我还是非常喜欢校园生活的。

刘　淳：你不断走进不同美院的教室，也许在你的心里，是想完成某种愿望或弥补某种遗憾或缺失。

邱光平：你说得非常对，后来我想，可能在内心里就是为了弥补某种缺失。所以回到川美后非常踏实，但这次回到川美和在川美读书时的状态完全不一样了，这一次是一颗真正对待艺术很虔诚的心。从那时开始，准备全身心地投入艺术，将来以画画为职业，以画画为生了。我相信我的画笔是可以让我在这个世界上很好地活下去的。

刘　淳：同样是进修班，有没有像中央美院的那种感觉？

邱光平：没有，完全没有。也许是故土的缘故。我们是专门的进修班，之前跟川美的老师就熟，像庞茂琨等油画系的老师基本都教过我，我基本上插到本科班里去了，进修班画的作业比较简单，高年级本科班画双人体。进修期间开始参加展览，如"重庆首届人体绘画作品展"，我的作品有点凸显出来，和我几年前读专科时完全不一样了。

刘　淳：当时你从农村考上大学时，对艺术怀揣一种怎样的理想？

邱光平：那时候，对于我这样一个农村孩子来说，就是学一门技术，学一门手艺。这个技术可以养活自己，将来靠这种手艺和技术独立生活，就这么简单。

刘　淳：就是学一门求生的本领，将来走出大山。

邱光平：对。一个刚刚从农村走出来的孩子，哪有什么远大理想。

刘　淳：那么是再次走进川美时，改变了你的人生态度？

邱光平：这一点是毫无问题的。当我再一次进到川美时，作品开始发生了变化，对艺术的理解和认识也逐渐转变。尤其是经历了沿海地区漂泊的生活，开始萌生想做一个真正的职业艺术家的愿望。

刘　淳：具体的行动是什么？

邱光平：其实有时候，一个人的一些想法并不是深思熟虑的结果，反而是在不经意间诞生的。后来，就开始非常认真的画画，而且是从研究和分析的角度去工作。

刘　淳：漂了几年之后，有没有想找一个比较稳定的工作的想法？

邱光平：其实任何一个人，漂泊久了就特别想稳定下来，有一个相对固定的工作和收入。那时在南方虽然收入蛮高，但心很累，每天要工作十好几个小时。回到川美之后既轻松又自在，至少在心里不疲倦，但是几乎没有收入。那时候有一个机会，就是成都有一所中学来川美招美术老师，学校就把我推荐过去。当时积攒的那些钱已经花完了，我必须有钱养活自己，这是我要立刻工作的动力。2001年春节前夕我到了成都，那是我第一次到成都。

刘　淳：等于又回到了起点。

邱光平：对，又回到一个穷光蛋的状态上。但这时的心态不一样了，没有当年的那股冲劲儿了，人也平稳了许多，就是想找一个地方能够认真画画就可以了。那时我在成都每个月的工资是1200块钱。

刘　淳：这个工资在当时应该不算低吧？

邱光平：加上一些补课费能达到1500块钱，当时算是非常可以的。一千多块钱，只能把自己养活了。其实我一到成都感觉就变了，我漂泊了那么多城市，转了一大圈，包括后来又到重庆。成都给我的感觉真的是不一样，我一来就感觉似乎找到了家。我不会再走了，这个城市的生活节奏，这个城市给人的亲切感，这个城市里人的笑容，包括它傍晚的灯光给人的温情，都让我产生一种留下来的冲动。

刘　淳：那种慢悠悠的生活节奏和闲逸的感觉一下子就感受到了……

邱光平：有些东西是一眼的事情，有些东西是要慢慢品尝的。当时我就觉得这就是我要生活下去的城市。那时候成都艺术圈已经是有规模了，也有艺术家聚集的地方，比如小酒馆、白夜酒吧等。这个环境适合我的工作和生活，只要有空，每个礼拜都跑过去

　　　跟艺术家在一起坐一坐、聊聊天。

刘　淳：新世纪初时，成都的艺术氛围已经非常好了。何多苓、周春芽、郭伟等很多已经成功的艺术家在成都也非常活跃，经常与年轻艺术家在一起喝茶、喝酒聊天，带动了成都后来一代人的成长。

邱光平：没错。这些东西是我后来慢慢感受和看到的。

刘　淳：到了成都之后，慢慢产生了考研究生的想法？

邱光平：印象最深的是2001年第一届成都双年展，在成都的老会展中心举行。那是我第一次看到的大型展览，我记得我是下课之后去的，开幕式在晚上六七点钟举行，在展厅看到很多以前在书籍和画册上看到的作品。那次展览对我触动很大，我正是在这个展览上看到了程丛林老师的原作和他本人的。那时心中就埋下了一颗种子，或者说是一个愿望，我要报考程丛林老师的研究生。

刘　淳：是不是一时冲动的决定？男人的头脑有时候会被莫名其妙的事情搞晕。

邱光平：有冲动的因素，但不是被冲动所决定的。当然还有理性的因素。其实，那就是一种强烈的读书欲望之火被重新点燃。

刘　淳：或者说，是双年展的场面和那种阵势刺激了你，使你立刻产生一种要站起来的欲望。

邱光平：我觉得是这样的。其实最直接的原因就是双年展的艺术氛围感染了我、刺激了我，特别是那种大场面让我无比激动，我对那一年的展览印象特别好，也特别深。虽然我没跟程丛林老师有直接的交流，仅仅是一起拍了个照片，但没想到他对我日后这么重要。

刘　淳：决心已定，然后就开始全面复习？

邱光平：从双年展回来之后就憋足了劲儿，在以后的几个月中，我把自己关在学校，在一间办公室里开始了全面复习。

刘　淳：那是一所什么学校？

邱光平：成都的一所中学。

刘　淳：你是属于外聘老师吧？

邱光平：对，是那种外聘教师。但是对于我来说，算是有了一个正儿八经的工作而不再去漂泊了，那就不一样了。

刘　淳：你的复习重点是什么？

邱光平：英语、文化课，还有绘画。那一段时间我几乎是变了一个人一样，毫不夸张地说，除了吃饭和睡觉以外，我的全部精力都在学习上，同时还报了各种补习班，我的那点儿工资全都交了学费。

刘　淳：是不是有一种咬紧牙关最后一搏的悲壮感？

邱光平：没这么夸张，但多少还是有一点的。也许背后潜藏着一种要改变命运的拼搏和努力。

刘　淳：考试成绩如何？

邱光平：考下来之后，专业成绩是四川省第一名，但文化课很差。

刘　淳：差到什么程度？

邱光平：英语29分，文化课的成绩好像是倒数第一。

刘　淳：那么最后是学校破格录取你的吗？

邱光平：后来我一直在想，如果是老天爷想要成全你的话，什么奇迹都可能发生。我就是一个特例，考试之后我觉得自己肯定完蛋了，我就把画笔颜料全部扔了，准备彻底放弃了，我是绝对不会再考第二次的，而且也不会再画画了。已经跟朋友借了两三万块钱了，准备去经商。

刘　淳：经商有方向吗？

邱光平：做点小买卖，小商品什么的都可以。

刘　淳：你那么热爱艺术，为什么要放弃呢？

邱光平：大概是当时的想法比较简单，那么多年在外面摸爬滚打也没弄出个样子来，觉得考上研究生之后会有一个平台，这个平台会改变你的命运。复习了整整一年，就是为了一个梦想，而为这个梦想付出太多的努力和心血，然后突然就破灭了，怎么会没有情绪呢！怎么会不受到打击呢！不过，当时成都的艺术生态很好，很多人在画画，当代艺术的整体气氛也很好。这些东西都给我很多的精神支撑。

刘　淳：后来是怎么被录取的？

邱光平：有一天我接到四川大学一个朋友的电话，他说："程丛林老师想见你。"当时我很激动。我记得我去学校时他们正在上课，研究生班在画人体，我就在教室外面等着。我想了很多，心情很激动，也很复杂。后来我才知道，我考试时画的那张画，程老师特别喜欢。见面后我跟他在他的办公室聊了一个多小时。临走时他说："你想不想当我的学生？"

刘　淳：对你来说，这是一个意外的惊喜。

邱光平：真是一个意外的惊喜，但是我不知道是哪一种学生。于是带有试探性地说：做您的私人学生也可以，只要能够跟着老师学画就行。那一刻，内心突然燃起了一种希望。就在程老师回德国后不久，有一天川大让我去拿录取通知书，后来我知道，那一年整个四川大学的研究生招生，只有我一个人是特招。所以我就被神化了，蒙上很多神秘的色彩。

刘　淳：应该说，是老天爷特别眷顾你，成全了你梦寐以求的愿望。

邱光平：我被四川大学研究生招生办特别录取，后来我的作品又入选第
　　　　三届中国油画展。我的人生也在那一年开始发生转变。

刘　淳：那是哪一年发生的事情？

邱光平：2003 年。那时我已经在成都这座城市待了两三年了。觉得这个
　　　　城市生活非常舒服，也特别顺利，那种内心的心慌感完全没有
　　　　了，就是准备一步一步、扎扎实实地做些事情。那时成都的当
　　　　代艺术已经非常活跃了，各种各样的展览很多，艺术家聚集也
　　　　多。2004 年时就有艺术区出现了，最早是周春芽老师在我们这
　　　　边弄了一个艺术区。

刘　淳：就是最早的老"蓝顶"吗？

邱光平：是呀。我们现在这个地方叫"浓园艺术区"，就是最早的"蓝
　　　　顶"。当年何多苓老师也在这儿，我经常跑到他们工作室去，
　　　　那时我已经是研究生了，但是对当代艺术的概念还是比较模
　　　　糊。我们在教室里画人体，也画一些实验性的作品。出来之后
　　　　看到的艺术却是花花绿绿、各式各样的，所以不知道应该怎么
　　　　选择。看到张晓刚的《家庭系列》就研究张晓刚，看到周春芽
　　　　的《绿狗》就研究绿狗，何多苓的冷灰调子也进行过研究。那
　　　　时候做了很多的个案研究。

第三部分

我们从伤疤的入口处，聊起古老而轻薄的迷雾。在沉浮的人世上，牵着自己的生命游荡。

——老雪

刘　淳：那时候对马这个题材还没有发生兴趣呢吧？

邱光平：从研究生二年级开始，我就找到了马这个题材了。

刘　淳：你作为一个四川自贡人，对成都这座城市的感受和印象最深的是什么？

邱光平：成都是一个内陆城市，四面环山，具有平原和丘陵之美，因为它是一个盆地，所以气候温和，雨水充沛，冬无严寒，夏无酷暑。成都物产丰富，自古享有"天府之国"之美誉。古时，川人都想出去，那时没有高速公路、没有飞机等交通工具，所以出川很艰难。这个城市永远是灰蒙蒙的，冬天冷飕飕的，那种感觉特别适合艺术家居住与工作，至少我有这种心态。

刘　淳：阳光对人非常重要，无论是健康还是心情。但成都很少见到阳光，为什么还留恋这座城市？

邱光平：成都的阳光虽然少了一些，但它的文化氛围非常好。它是一个非常包容和宽厚的城市，特别是艺术圈，有一个很好的传承，就是老一辈艺术家，像何多苓、周春芽、程丛林等人，他们对下一代年轻人的帮扶，那是一种不求任何回报的支持与帮助。成都有一个特点，就是艺术家喜欢抱团，喜欢扎堆，也没有特别多的矛盾。只要有展览大家都去捧场，那种感觉让人特别舒服。

刘　淳：四川的艺术家比较抱团，这一点在国内是少见的。

邱光平：另外，四川的艺术家在生活上追求简单舒适，对物质的欲望没有那么强烈，什么追求多大的空间，多么豪华的车等。艺术家能有一间房子画画就行了。

刘　淳：没错，成都被称之为"天府之国"，闲逸和舒适是它的一大特点。重要的是，还有大批的艺术家聚集于此，构成了一种特殊的艺术氛围和一道特殊的文化风景。我想知道，为什么这么多艺术家不愿意离开成都？仅仅是因为舒适吗？

邱光平：我想，环境的舒适是艺术家创作最重要的因素之一。我只能从我自己的角度来讲，我在外面跑了很多地方，前两年在北京我也租了一个工作室。首先它是一个环境，包括你的身体对环境的适应感，比如硬生生把你扔在北京，环境、气候、饮食和人际关系等你不太适应，你就会难受，肯定做不出好作品来。可是回到成都一下子就适应了，熟悉的人、熟悉的环境、熟悉的气候等等，这里的一切让你感到特别的舒适。其实，艺术家都挺胆小的，他们需要有安全感，肉身得到保障人才踏实。搞艺术的都不会轻易招惹谁，喜欢在小圈子里吹吹牛、聊聊天、喝喝酒。很多东西靠自己去感受，真正做作品还得要回到你熟悉的环境中，成都正好给了我这样一个舒适、还能充分发挥想象力的环境。

刘　淳：一个人与一座城市，究竟是一种怎样的关系？

邱光平：我记得有人曾经说过，城市是文明的风暴中心。应该说，这句话高度概括了一个人与一座城市的关系。它意味着高楼大厦、民工潮、金钱与风险、希望与绝望，有人把它描绘成为人类欲望和意志博斗的战场，我觉得还是有一定道理的。

应该说，艺术家是一个城市的良心。尤其在今天，当代艺术成为主流的时候，艺术家带着特有的审判精神，都在解读自己栖居的城市，他们笔下浓缩的城市经验，为社会提供了最典型、最有力的批判精神。这种批判源于一种疏远感，一种流亡者的心境。

刘　淳：其实，从生活的形态上说，艺术家不需要快节奏，完全没有时间概念，尤其是那种慢悠悠的、无拘无束的感觉最合适，也最舒服。

邱光平：当然是这样。还包括吃吃喝喝，成都人特别喜欢吃，尤其喜欢吃火锅，一顿要吃几个小时。成都是一个特别有情调的城市，需要你慢慢地品味，成都人包容、好客并热情。而我的生活圈里面大部分是成都周边的人，因为成都已经被外来文化所掩盖了，现在是一种混杂状态，它不再是一个纯粹的成都本土文化了。

刘　淳：其实在中国，所有城市的文化都是不知不觉的被改造了。

邱光平：对，被大量的外来人口改造，被外来文化改造。其实成都这座城市很国际化，接受新思想和新事物特别快，这就是它的包容性，成都人的文化生活特别丰富。

刘　淳：成都这座城市，聚集着很多四川籍的艺术家，但很少有人出去，这是为什么？

邱光平：成都的艺术家都是慢慢生长起来的，所以本土意识比较强。还有老一辈艺术家的带头作用，就是我开始说的像周春芽、何多苓等人的引领，还有如小酒馆、白夜酒吧等聚集地，成为艺术家们的点儿。这些内部和外部的条件对一个成长中的艺术家非常重要，有一种找到组织的温暖和感觉，大家在一起聊天，交流，那种氛围特别好。后来因为画画的人越来越多，就有了艺术区，慢慢就成为一种模式。我就是这样自然而然地走到这一步的。

刘　淳：四川有"巴山蜀水"之称，山多水也多，四季常青。四川人有一种天然的开放精神和包容意识，这是一种由来已久的传统，它是怎么形成的？

邱光平：可能成都这个城市对外来文化的吸收，显示出它的包容性和开放性。从历史的角度看，这是一个非常好的优良传统。它的地理环境决定了它就是一个需要吸收的城市。中国的很多城市并没有这种包容的文化氛围？为什么成都就有，对成都来说，我也是一个外来者，但是到了成都就有一种被接纳感，很快就会找到一种我就是成都人的感觉。所有的东西都很直接，不会有

　　人把你排在外面，有很多北方来的，或其他地方的人，到成都
　　很快就融进了这个城市。久而久之，就形成了这样一种文化氛
　　围。

刘　淳：我总觉得成都这座城市有一种"湿乎乎"的感觉，它不是潮湿
　　　　或阴天的自然现象，似乎总有一种阴柔的东西缠着你。当然，
　　　　这是我个人的感觉。
邱光平：从自然的形态来看，成都本来就是"湿乎乎"的那种感觉。夏
　　　　天闷热，冬天奇冷，而且冬天的冷是往骨子里渗的。您讲的阴
　　　　柔，如果从美学的角度上说，那种阴柔之美真的在这个城市有
　　　　所体现，所以成都很多画家的作品很多都是冷调子，是那种阴
　　　　柔之美。这个城市的节奏比较慢，整个气候状况就是让人在一
　　　　间小屋子里思考。成都也有很多诗人，诗歌里也有很多阴柔的
　　　　东西。美术也是这样，那是一种很诗意的东西，它跟整个环境
　　　　和文化有关，跟气候和土壤也有关系。

刘　淳：你有这种感觉吗？
邱光平：一开始到这个城市时，我画的东西也是那种阴柔的感觉，其实
　　　　成都人说话是很嗲的，男的也是这样，缺少北方人的那种刚烈
　　　　与豪迈，那是不一样的。

刘　淳：在这样的环境中生活久了，对一个人的性格有没有影响？
邱光平：我觉得会有。

刘　淳：具体点说。
邱光平：就说我自己，我的性格跟从前比其实也发生了很大的变化。有
　　　　一个词形容成都的男人，叫"熄耳朵"，就是说男人对老婆很
　　　　好的意思，听老婆的话，这就是这座城市的特点。它并不是说
　　　　男人没有脾气，而是说他在这个环境里生活久了，相当于是一
　　　　个修身养性的过程。四川的青城山是道家文化发源地，道家就

是修心，这个地方出神仙。成都的男人和女人，性格很内收，尤其是成都的女孩，有一种天然的阴柔之美，甚至这座城市从整体上看都是这种性格，不是那种爆炸式的。很多人来到成都就不想走了。

刘　淳：说说你自己。

邱光平：其实我的性格蛮像北方人的，以前脾气很大，到了成都之后慢慢就很少发脾气了，包括说话也不是那么冲了。这个城市会让你的心慢慢静下来，心静下来之后你思考问题就比较理性了。但是，这里面还有一个问题，由于你本身不是这样的性格，所以必须找到一个点，那么对艺术家来说，作品就是一个突破口。

刘　淳：艺术与城市总是有着一种特殊的关系，比如佛罗伦萨、巴黎、伦敦和纽约等。这些城市造就了很多艺术家，也使这些城市因艺术而辉煌与骄傲。你觉得成都与哪座城市比较相似？

邱光平：我觉得成都越来越像巴黎，或者佛罗伦萨。这些年成都的许多艺术活动政府直接参与进来，这是一种支持，对于打造成都成为中国的艺术之都会起到积极的推动作用。一个城市跟艺术的关系，会使这座城市出现另外的感觉。在成都，政府真的是花了很多的精力在扶持艺术，将艺术家挽留下来。

刘　淳：成都很少有出去的艺术家。

邱光平：对。现在想一想，你以什么身份出去呢？！比如你到北京，去了无非就是一个北漂而已。几年后又回到这个城市，为什么会回来？是大环境发生了变化。如果连人都留不住，那么这座城市的文化就断了。其实无论蓝顶艺术区还是浓园艺术区，都是自然形成的，都是自然生长起来的，像北京的798，最后变成一个商业区，而成都的艺术区就是一个自然生态。我在浓园这地方生活快10年了，已经与这座城市紧紧连在一起了。

2006 年邱光平与导师程丛林及研究生同学

刘　淳：2006 年你完成了研究生的学业，人生都发生了哪些转折？

邱光平：毕业之后我被分配到四川音乐学院工作。

刘　淳：就是体制内正式的人民教师？

邱光平：正式的工作，终于如愿以偿了。我一直有一个梦想，就是想当
　　　　一名大学教师，说白了就是不想再漂泊了，有一个固定的工
　　　　作，心静一些，人也静一些，就那么简单。

刘　淳：2006 年以后，你的创作发生了很大的变化，从本质上说，是你
　　　　的创作精神发生了变化。

邱光平：读研究生时是很正规的，必须按照学校和老师的那种教学方法
　　　　进行。我们重新建立自己创作的方法论，相当正统。那时候，
　　　　四川已经很热闹了，展览很多，外面的人经常来，出出进进
　　　　的，艺术的气氛非常活跃。所以你就要去选择，你用什么方式
　　　　去呈现你自己。那时我自己挺害怕把画拿给别人看的，非常胆
　　　　怯。读研究生二年级时，老师就带着我们做一些小型的沙龙活

动，就是成都的春季沙龙。今年已经是第十个年头了。那时候是我们同学范围内，跑到某小区找一个会所之类的空间，然后做一个展览，再出一个小册子。那时候就是自己尝试做一些小活动。直到2006年毕业，我就接到一个展览的邀请函，那是上海举办一个叫"新动力"的展览。

刘　淳：如果我记得不错的话，应该叫"首届新动力·中国当代艺术双年展"。

邱光平：好像就是。所谓"新动力"，是指物质在变化和运动中不断更新与补充的能量，也是获得"加速度"所必需的超物质势能。任何健康的机体，都会按照新陈代谢的自然法则不断在势能转换中获得再生。提出"新动力·中国"这个概念，既是对本土艺术在当下推进中新生力量的催化，也是在艺术多元化的背景中，对各种新可能的探索，同时对当代艺术与市场的融合及对话关系等等，也是展览要面对和解决的问题。

刘　淳：说得很精彩，你画的是什么？

邱光平：我画的是马，而且是把马头画得巨大。因为已经画了两年马的形象，那次突然画了五张，都是那种夸张的，把马头画得巨大，周围空空荡荡的。那时我是第一次到上海，也是第一次参加当代艺术的展览，在121个年轻艺术家中，我拿到了头牌，就是有人跟我签约了，最主要的是金额很大，我回来之后，这个机构就把10万块钱打在我的卡上，一下子就有一种被认可的感觉。那是一种前所未有的满足和自信。

刘　淳：没错，整个人一下子就自信了。

邱光平：是的。之后我的作品就发生了变化。你自由了，你乱画的东西居然有人认可了。在学校所有的经验或方法，在那个时候突然不生效了。

马的寓言 5 布面油画 160×200cm 2006　　　马的寓言 7 布面油画 160×200cm 2006

刘　淳：还有一个最本质的问题，就是你的经济有了保障。

邱光平：对。完全是这样，这一点对我来说非常重要。

刘　淳：其实不光对你，对任何在路上奔跑的人都非常重要。

邱光平：别提当时的心情有多么激动了……

刘　淳：所以我一直在想，艺术对于你来说，究竟是拿出产品，还是要
　　　　表现自己内心的感受或是精神的压力？

邱光平：对于我这种性格的人来讲，肯定不是拿出产品的，而是表达自
　　　　己内心深处感受的。我不愿意把我的作品看作是一个产品，如
　　　　果我觉得我的作品有产品的嫌疑，我会毫不犹豫就收住。为什
　　　　么会有嫌疑？是因为你不断在重复它，甚至在是重复一种感
　　　　觉。为什么要重复？是因为市场需要这种东西。如果我有这种
　　　　迹象的话，我会立马收住，绝不能这样干。我对马的研究已经
　　　　很多年，我要把马的那种精神上的东西呈现出来，而不仅仅是
　　　　一个图式。如果没有把精神上的东西提炼出来，我想很多人也
　　　　不会被打动。

2006 年邱光平和马的第一次亲密接触

2006 年四川大学毕业展现场（左起：杨寒梅、邱光平、程丛林）

刘　淳：你是想让观众通过你的作品看到你的内心世界？

邱光平：是的，观众通过你的作品，感受到艺术家的内心世界，这是我
　　　　起码要做到的。其实作品只是一个承载物，一个中转站。你的
　　　　语言能够精准地表达出来，就需要修炼和不断地完善。所以，
　　　　我认为我是一个注重精神层面的艺术家，我一直想在我的作品
　　　　中注入特别打动人内心的东西，但这一点非常难。如果把一个
　　　　东西画得非常熟练，也许打动人的东西就会很少。

刘　淳：一个艺术家通过视觉的方式可以表达自己的内心感受，那么他
　　　　的精神压力通过视觉的方式可以释放出来吗？

邱光平：我觉得是可以的，至少我是能够释放出来的。我估计很多艺术
　　　　家不一定能释放出来，所以才会有很多人疯了，或者转行不干
　　　　艺术了。一个艺术家把内心的感受和精神压力，或者是思考很
　　　　深的东西通过作品释放出来，还要找到准确的语言呈现方式，
　　　　这一点是非常不容易。我们再看张晓刚的作品，你就会感受到
　　　　他的内心压力，那个时代他的生存体验，于是他找到了一种语
　　　　言，像老照片一样的视觉表达方式，然后观众阅读起来就会非
　　　　常通畅，一下就可以感受到张晓刚内心深层的东西，所以他的
　　　　作品是一个时代性象征，这才是一个优秀艺术家的智慧。

刘　淳：对，在今天，智慧对于一个艺术家来说，实在太重要了。

邱光平：其实，每个优秀的艺术家，不是说他找到了一个好题材、一个
　　　　好想法、一个好观念就成功了，绝对不是的，是他的语言跟他
　　　　的内心世界是否一致，如果一致了，会很顺畅地把心里的东西
　　　　说出来。再者，说出来的东西有没有深度？还得靠他的经历和
　　　　思考，以及立场和态度。

刘　淳：那么这些年你一直都在寻找一种语言方式吗？

邱光平：是的，我一直都在寻找一种语言方式，以前靠近我的老师程丛
　　　　林，他的那种语言方式如果拿过来，我会用得很顺手。但它不

属于我的，是他的。我是说，艺术家必须通过自己的语言方式很顺畅地把自己内心的东西表达出来，这个艺术家就成功了，至少内心是非常愉悦的。我是一个心里不装事儿的人，所以平时生活中也没有什么烦恼，一旦有烦恼，我会通过作品释放出来。在现实生活中，作品会有挣扎感，所以我要找到一个点，把它彻底释放出来。

刘　淳：以前人们总是说画家是一个工匠，是一个手艺人，就是用身体画画。我觉得你是用脑子画画的人，这两者的区别在哪里？

邱光平：这个问题非常好。在我看来，画画是一个脑力活，你要思考的东西太多。有时候的作品都是凭空想象的。上次我的广东个展研讨会上，深圳的孙振华老师说：邱光平作品最突出的特点就是给观众提供了超强的想象力。我觉得这是对我的工作的肯定。很多时候我在想，一个白色的画布摆在那儿，我要表达的东西，画面的感觉，我要闭上眼睛去想，想好了就直接表达出来。我的作品很少有草图的，都在我的脑袋里。所以我觉得我真是一个用脑子画画的人。

刘　淳：一个艺术家的自由和想象力，是他存在的前提。

邱光平：完全同意。如果一个艺术家没有自由和缺乏想象力，那是不可想象的。

刘　淳：就是说，一个艺术家的创造性必须具备自由和想象力。

邱光平：这一点特别重要。没有想象力和自由，创造性从何而来！

刘　淳：从整体上看，我们今天的艺术创作，是不是面对着一个想象力的匮乏？

邱光平：完全有这方面的因素，但也有其他的因素。我们今天面临着一个资讯非常发达的时代，你能够想象得到的，别人都会想到的，很容易"撞车"。

刘　淳：既然如此，当今艺术家的创作资源从何而来？难道依然在西方艺术史中寻找灵感？

邱光平：这是一个问题。我觉得也是很多艺术家在当今面临的问题，没有自由和想象力，艺术将会怎样？！

刘　淳：在一个想象力和创造性匮乏的时代，艺术还有什么意义？

邱光平：这是一个好问题，也是一个大问题，同时更是一个难以回答的问题。我们正处在一个非常尴尬的时代，至少，艺术在创造性上说，是前所未有的贫乏。

刘　淳：从创造性这个意义上说，是不是艺术之路已经走到头了？

邱光平：不知道。这个问题从来没有想过。艺术的路不该有尽头吧，只要人类存在，艺术就会永远存在下去。

刘　淳：西方的后现代主义艺术，你想到的东西，别人都已经做过了。

邱光平：是的，有时候产生一个好想法，自己特别兴奋，但是很快发现西方已经有了，这就是资讯发达的原因。如果我们彼此不了解，是在一种封闭的状态里，你是可以做下去的，你可能跟别人的想法差不多，美术史里有很多"撞车"的呀，但是可以根据你的想象力，挖掘出来肯定是不一样的。哪有百分之百的相像呀，绝对没有。

刘　淳：一个真正尊重艺术的艺术家，首先应该尊重的是自己的内心。能否做到这一点，作品就是一面透明的镜子，什么也遮掩不了，你在这方面做得非常好。

邱光平：对。前提是必须尊重自己的内心，如果连这一点都做不到的话，也许我早就放弃艺术而选择别的什么了。在我看来，真诚是第一位，如果连真诚都没有的话，艺术对你还有什么意义呢？！

刘　淳：所以，你的作品和你的内心是一致的，你能很真实的把内心的
东西呈现出来。

邱光平：至少我和我的作品是一致的，可谓表里如一。其实作品就是
你，你就是作品。从现状看，有些作品看上去很好，但它是盗
版的，也就是说，这个人跟作品并没什么关系。我觉得真诚是
第一位，你究竟用几成的功力或几分真诚对待艺术，这一点非
常重要。

刘　淳：真正做到真诚是很不容易的，我们往往都给自己戴上一个假面
具。这是一种严重的人格分裂……

邱光平：我完全同意你的说法。其实，真的把作品做得像你自己一样是
很难做到的。比如你喜欢古典的你就去画古典，后来慢慢发
现，古典跟你究竟有什么关系呢？！早些年我也画过古典的，
人物、肖像和风景都画了很多，最后呈现出来的是现在这种自
由的方式，一个人一旦自由了，就没有任何的约束。至少在当
下，我的身体和思维都非常自由，随着我的性子真诚地去做，
我画画的时候是左手和右手同时开工的，那种感觉非常好，那
是一种真诚的流露，是复制不出来的。

刘　淳：自然而然流露出来的东西最感人。

邱光平：是的。但很多时候是很难做到的。

第四部分

什么样的创伤，是你无法平复，你的沉默中，这是唯一的躁动，也是唯一的不宁。

——果子

刘　淳：你除了关心艺术问题，包括手艺、技术、思想、观念和语言方式等等，你还关心别的问题吗？比如社会问题、科技问题和关系问题等等？

邱光平：当然关心。其实我的爱好挺多的，平时想的东西也很多，包括作品中的各种因素。一个时期会关心一些社会新闻，也有一些作品会关注某一个群体，像农民工这种弱势的底层人物。但想得特别多的时候就没有办法去做了，最后觉得还是要回到艺术本身来。你作品里面有很多情绪，比如对社会的看法，我还是比较敏感的，这种敏感在今天这个体制中不可能像某些艺术家那么直接，要么对抗要么自残。我不是，我是在作品里注入一些想法，然后把它用高纯度的语言呈现出来，甚至我会选择一个终极题材，我去关注人类本身，人类命运何去何从这些大话题，这种视觉信号传递到人的内心，你就有一种被撕裂的感觉。我画天堂山水，它不是一个真实的燃烧，是精神上的燃烧和撕裂，我未来会往这个方向走。可能是我经历了那么多关注点之后，想把它们提升到一个高度。

刘　淳：艺术不解决问题，但艺术可以发现问题，提出问题。

邱光平：对。其实我们今天的社会到处都是问题。可以说中国社会今天就是一个最大的素材库。但你到西方就没有这种感觉了，你到欧洲、到美国，就会觉得跟自己没有丝毫的关系。你仅仅是一个游客，在那些地方肯定画不出好作品来的。我也看到在欧洲和西方国家的中国艺术家，他们的作品打动我的东西很少。为什么？因为跟他没有关系，但一回到中国，创作欲望就被激活了，所以我觉得对于中国艺术家来说，离开了中国什么都不是。

刘　淳：也有在西方环境中获得成功的中国艺术家，比如徐冰、黄永平、谷文达、蔡国强等，他们真正获得了一种国际身份。

邱光平：他们是极少数的成功者，更多的人迷失了方向。

刘　淳：坚守内心的独特与纯净，是延续一个艺术家的艺术生命的根本。在我看来，你是一个认真画画的人，在今天这个物欲滔天的时代，你内心的纯净是如何坚守的？

邱光平：我是这样认为的，一个有良知的文化人，不管是作家还是艺术家，但凡有良知和正义感，最后都会拒绝这些东西。但它需要一个过程，我也经历过最初对物质的欲望，都会有。因为你想改变家庭生活，改善自身的状况。我为什么工作几年之后还要去读书？因为你要读书就必须放下手中的工作。大概就是从那时开始，我已经懂得了舍弃某些东西。后来又赶上当代艺术那么火爆，你被一个东西砸中了，我选择是把它接住，然后再来选择。

刘　淳：在你看来，什么是良知？

邱光平：良知是中国传统文化中的一种美德。当然，也与传统教育和从小受到的文化熏陶有关。良知是可以培养的，以我的家庭背景来说，父母对我的教育，就是希望你长大以后做一个好人，至少做一个对社会没有危害的人。后来选择做艺术，其实以我的家庭条件是绝不可能的！还是我自身的愿望或诉求，促成了我想做这样一个人。我已到了人生过半的年龄，常言道，四十不惑。这时候突然明白了很多道理，你必须要认认真真地做人，对社会有贡献的人。即使我不是艺术家，就是一个普通人，那么我也会发挥自己的能力，去帮助别人。

刘　淳：一个人能控制自己的物欲，非常了不起，那是一种境界。

邱光平：今天的社会中，很多人由于自己的欲望泛滥，最后被社会抛弃了。

刘　淳：很多东西，关键在于坚守，那是一种从心底生出的持之以恒。

邱光平：没错。就像你说的，那是一种境界，一种人生的大境界。

刘　淳：其实，你今天已经令很多人感到不安，你意识到这一点了吗？

邱光平：我没有。

刘　淳：这种不安是你的作品产生的冲击力，还有你旺盛的生命力，以及那种像火一样燃烧的激情……

邱光平：这个问题我没想过。如果说一个人本身会让别人不安，那我真是有一些感觉的。我这个人的性格比较外向，比较张扬，或者说张扬是我的个性。作为一个艺术家，我不断地告诉别人我的想法和工作计划，不停地把信息传递出去，这样就会给身边一些人造成很多压力，这是我能够感觉到的。

刘　淳：你也是一个内心藏不住事的人吧？

邱光平：我基本上是一个透明的人，我有什么想法立马就说出来，内心从来没有秘密。从艺术的层面来讲，作品中所蕴含的，或者说作品背后隐藏的焦虑和不安，我觉得是很多人都会感觉到的。因为我本来就把这种不安的因素放在作品中了，如果别人看到不安的话，我就觉得作品成功了。

刘　淳：所以说，你令别人不安的因素，有艺术上的东西。还有你超人的敏感和智力。

邱光平：我承认自己在这方面的敏感性，一个事件发生之后，我很快就能找到那个点。但是，艺术家的能力是有限的，不可能每天感觉到的东西都能用艺术的方式表达出来，你只能选择一小部分去表达就很不错了。一个艺术家，最可贵的就是他的敏感性，如果连这个都失去了，那么他的艺术生命差不多就结束了。智力大概指人对事物的观察能力，通过观察发现新奇的事物并建立一个新的认识，提高对事物本质认识的能力。这方面我不知道我自己怎么样，得让观众来说。

刘　淳：我觉得最本质的东西是，你的精神位置搅乱了很多人，当然，

　　　　最后还是通过作品呈现出来的。

邱光平：精神位置……

刘　淳：就是你的意识和思维活动的方向和所占据的地方。

邱光平：这个我真没有想过。作品里面肯定有精神层面的东西，而且我
　　　　还听到很多批评家、艺术家和收藏家说，他们欣赏我的作品要
　　　　比我解读我的作品深刻得多，也宽广得多，就是说作品打动了
　　　　他，他会用一种理论或精神层面的东西提炼出来。我觉得一个
　　　　艺术家在创作中并没有想得那么深，也许是敏感所致。我是在
　　　　创作的过程中不停地去修改、去调整、去改动，我愿意享受这
　　　　个过程。可能一个月没有画画，或者因为其他事一直没动笔，
　　　　然后把自己压在一个最小的范围里，突然爆发出来。所以那种
　　　　井喷式的感觉一定能出好作品，我就是属于这一种。

刘　淳：当代艺术给观众和读者提供了一个广阔的空间，那么观众在解
　　　　读你的作品时，跟你最初的动机没有任何关系，你怎么办？

邱光平：对。当代艺术为观众提供了无尽的可能性，也给艺术家的创作
　　　　提供了很大的空间。无论是解读作品还是艺术家表达作品，它
　　　　的方式方法跟以前完全不一样。我认为这才是当代艺术的特
　　　　质，花样也好形式也罢，给艺术家提供了太多的可能性，艺术
　　　　家的空间大了，观众的解读空间一定会大，这是没有问题的。
　　　　就我的作品而言，我还是有一个基本的框架，包括让观众如何
　　　　进入到我的作品中去，由我设定的那个角度去观看并欣赏我的
　　　　作品。

刘　淳：进入到你设计的游戏规则中？

邱光平：是的。有些东西是需要把握和控制的。我要让我的作品有一个
　　　　通道跟观众接通，我一直非常注重这个东西，所以我的作品很
　　　　少有我自己看不懂或观众也看不懂的。观众一定有好几个通
　　　　道，这是我预设的，也就是说，他会从几个层面解读它，有形

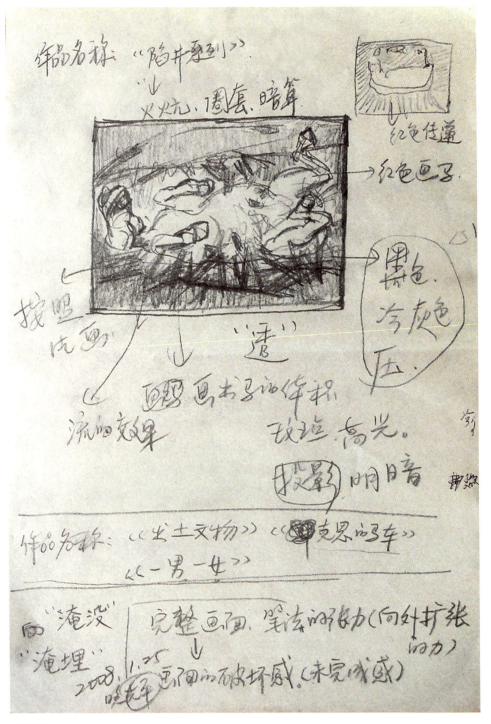

作品名称: "陷井系到"

火坑、圈套、暗算.

红色佛莲

红色画子.

黑色.
冷灰色
压.

拔理
忘画

遮

流的效果

画与马的体积

玫瑰. 高光.

投影 明暗

作品名称: 《出土文物》 《克思的马车》
《一男一女》

而"淹没" | 完整画面, 笔法的张力 (向外扩张的力)
"淹埋" | 2008, 画面的破坏感. (未完成感)

而上的，有很直接的……有些作品什么都没有，因为我画的时候什么也没思考，我觉得每个艺术家是不一样的。

刘　淳：所以说你是一个有才智的艺术家。

邱光平：怎么讲呢，才智就是才华和智力吧。我突然间觉得才华和智力我都有一点。我一直在讲，今天在中国当代艺术这个领域中聪明人实在太多了，有才华有智力的人也很多。你说哪一个艺术家不是思考型的，甚至为了他要表达的东西，他会想尽各种各样的办法，我觉得这都是才华的某种体现，如果从智力方面跟别人比，我可能不占优势。

刘　淳：为什么?

邱光平：我很清楚自己的优势在哪儿。我觉得做艺术一定要有才华，你内心最真实的东西要准确地表达出来，这就叫才华。智慧就是将才华运用得很得体。我在这方面还不是特别的注重，但我很欣赏艺术家张洹的一句话，就是"蛮干加智慧"，蛮干要用超强的体力，那是一种胆量和魄力。对我来讲，就是要去体验，亲自把自己的肉身扔进去。

刘　淳：大胆行动，无所顾忌。

邱光平：对。只有无所顾忌的时候才会出现奇迹。都已经思考好了，成熟了，框框架架都设定好了，那还需要什么呢？！也许，当代艺术的惊喜就是在蛮干当中突然产生一种效果，太神奇了。

刘　淳：蛮干是一种胡作、硬干，你不是这样的艺术家，你是懂得把握和控制的。

邱光平：我在创作过程中确实有一种开放的意识和状态。也就是说，我是能放得开的人。然后是一种提炼和取舍，好的东西留下，不好的东西去掉。

刘　淳：简单、独立、自由、想象力和创造力是艺术家最本质的东西，也是艺术家一生所追求和努力的核心价值，你是不是这样的艺术家？

邱光平：首先，自由和想象力是我一直追求和努力的。到今天为止，我觉得我基本做到了一种我理解的自由。简单是什么？简单有很多因素，对我来讲，一个是语言表达的提纯；一个是生活方式的简单；还有就是专注度和注意力。我觉得前两个还可以，但简单还需要修炼。中国的禅宗讲究内收，就是越来越简单，把集中的力气用到一个点上，那种力气会很大。在以后的工作中把力量集中到一个点上，是我下一步的重点。现在我还有很多点，我想要说的东西很多，但最后要把它提纯，这个过程挺难的。怎么样把自由、想象力和创造力形成一个合力，这是一个思考和修炼的过程，也是一个需要长期或者一生去努力的过程。

刘　淳：你的作品给观众一种视觉的冲击和压迫，它不是画面尺寸大小而决定的，而是从精神到肉身的过程。

邱光平：可能跟我的性格有关系。我以前画过一些唯美的、古典的东西，现在想起来，或多或少限制了我的自由度，限制了我的想象力，把我框死了。突然有一天，我的画面变得狂野和奔放，很有视觉冲击力。别人觉得不舒服了，观众觉得很有压迫感，但是我舒服了，因为我找到了自由。把我的想象力充分地在画面里挥洒出来，表达出来。而且还有很多反传统的因素，比如在颜色方面，谁会用柠檬黄或者中黄去画一件作品……

刘　淳：用柠檬黄或中黄画一件作品有何不妥？

邱光平：其实，柠檬黄和中黄这两种颜色很忌讳，我们画油画都知道柠檬黄用多了画面会很不舒服。而我恰恰把这种黄色用来画一幅画，一旦打破了常规，我就会觉得特别的舒服。

刘　淳：这就是想象力和创造力。忌讳不忌讳其实并不重要。

邱光平：黄色如果用不好会出现一种病态的感觉，或者说是一种很令人
　　　　恐慌的颜色。我将这种黄颜色放在马的身上，再结合马的动
　　　　作，我觉得到位了。后来我尝试用各种颜色，其实都没有黄色
　　　　那么准确，黄色在马的身上产生一种非常舒服，非常和谐，还
　　　　很强烈的视觉效果。就像张晓刚的《大家庭》那种类似老照片
　　　　的作品，像周春芽的《绿色》等等。我现在还在做各种尝试，
　　　　就是把它移到人的身上，有一种恐慌和不安的感觉。我是要把
　　　　它做到极致，推到一种极限的程度，我就是想要在一种变化的
　　　　过程中，找到艺术探索与追求最原始的动力。

刘　淳：我一直在想，有些东西根本没有那些复杂的因素，就是因为我
　　　　们在过去所受的艺术教育有很多误区，所以才有必要进行矫
　　　　正。你说黄颜色画马很忌讳，真的是很忌讳吗？我看不一定，
　　　　都是我们过去长期被误导的结果。

邱光平：我同意这样的观点。既然我们过去长期被误导，那么就需要时
　　　　间来纠正。起码让观众在欣赏和阅读时能够打开他们的思维，
　　　　让他们的视野得以扩展，这一点非常重要。对艺术家来说，能
　　　　充分发挥其想象力和创造力，不是更好吗？！

刘　淳：是这样。所以很多东西就是在不断的认识中才有了新的理解和
　　　　发现。毕加索和梵高画马的话，还考虑黄颜色是否忌讳吗？！

邱光平：所以我们必须要有勇气去大胆突破，一个艺术家，如果没有想
　　　　象，创造力就会枯竭。

刘　淳：你曾经说你是"野路子"出来的，其实你是一个受过正规和专
　　　　业训练的人，为什么说自己是"野路子"？

邱光平：所谓的"野路子"可以这样理解，最初，我在四川美院只读了
　　　　一个专科，那时候老师也不太管，两年就毕业了。从基本功训
　　　　练的角度来讲不太严格，爱怎么弄就怎么弄，所以我们那个专

科班跟本科是不一样的。我记得老师不怎么管,毕业创作五花八门,乱七八糟。从一入学就不那么正规,两年过得很快,转眼就离开校园到社会上工作了,等于在社会上又摔打了七八年。所以我始终想到川美继续学习,就是想把一些基本的东西再进行正规化的训练,比如认认真真画一张大卫石膏像,就是那种一两个月的长期作业。后来考上程丛林老师的硕士研究生,但是还是把我放在课外的教学路子上,我就没有一天正规的去画画,同学们都在教室里画素描,而我就跟一群人在外面喝酒聊天。

刘　淳:这也是一种方法,当年的刘海粟就是这样,他没有让学生按照那种按部就班的方法来学习和传授,而是把学生们放在大海里去,让他们自己去张开翅膀,到大海里去锻炼……

邱光平:对。基本属于这个意思。所以我所理解的"野路子",就是由着自己性子去弄,想弄什么就弄什么,想怎么弄就怎么弄。

刘　淳:这才是艺术的本质。

邱光平:恰恰是这种没有被束缚的感觉和状态,对我后来的创作起到了非常重要的作用。没有自由哪来的想象力?没有想象力哪来的创造力?!正是因为我的这种所谓的"野路子",让我在艺术创作上找到了真正的自由。

刘　淳:经历对任何人来说都是重要的,请你谈谈你的家庭背景和成长经历。

邱光平:说来话长……我出生在四川自贡荣县的一个小山村,上面有两个哥哥、两个姐姐,我排行老五,也是家中最小的孩子。我的父母都是农民,就是那种中国最普通的农民,都是种庄稼的农民,也是中国社会最底层的人。我从小在我们当地读书是拔尖的。今年回老家期间,我们初中的同学搞了一个聚会,去了有三分之二的人,已经是20多年没见面了,他们中的大多数人依

2008 年邱光平父母   邱光平和家人

然还是农民。

刘　淳：你初中的同学现在还是农民？

邱光平：对，就是那种地地道道的农民。所以我只能说我很幸运，因为
　　　　我们整个初中同学就我一个人考上大学走出来了。上次我回去
　　　　时，我们那个地方的电视台等好几家媒体都到我老家去采访我
　　　　做节目，他们觉得这个小地方出了一个艺术家真是不容易啊。

刘　淳：说明当时你很优秀。

邱光平：后来我就到县城读书去了，那时在小镇上读书和在县城读书是
　　　　完全不一样的，眼界开阔了，见识也广了，最重要的是，一个
　　　　人的思维方式在不知不觉中得到了改变。

刘　淳：没错，这一点非常重要。你那时喜欢画画吗？

邱光平：其实我学画画挺晚的，我是高中二年级才学画画的，之前是学
　　　　体育的，那时的理想就是考体校。

刘　淳：喜欢哪些体育项目？

邱光平：五项全能，就是跑、跳、投……我是我们县高中组五项全能冠
　　　　军。我本来就是想考体育学院之类的，但高中二年级时第一次
　　　　看到我的老师在教学生画素描。之前从来就没有想过要去画
　　　　画，但第一次看到素描之后我很惊叹，铅笔可以把静物画得这

么逼真，于是我的潜意识里顿时萌生出要画画的念头。后来老师就教了我几个月，很快就上手了，于是，初中的小孩就跟着我要学画瓶瓶罐罐。我的老师觉得我有天赋，其实那时我只交了一次20块钱的学费，后来老师倒给我钱，再后来，我的老师把我送到重庆，到四川美院的培训班学习去了。

刘　淳：就是去了重庆？

邱光平：很快就去了重庆，到了重庆就觉得不一样了。我是一个对环境适应能力很强的人，虽然感觉到有陌生感和压迫感，但很快就适应了。那时特别刻苦，因为家里起初并不支持我学艺术，但后来为了我学艺术，家里把粮食卖了给我凑了几百块钱。

刘　淳：那是哪一年？

邱光平：1993年去的，在那里开始了我的学艺之路。

刘　淳：那会儿也是自己租房子？

邱光平：是学校在外面统一租的房子。

刘　淳：班上学画的人多吗？

邱光平：那会儿人很少，没什么学画的人。我那时还是比较兴奋，我意识到一定要牢牢地抓住这个兴奋点，抓住这个机会。

刘　淳：从小县城到了重庆，到了著名的四川美术学院，见到什么都很新鲜吧。

邱光平：是的。第一次从大山里走出来，看到什么都新鲜。

刘　淳：那会儿你知道罗中立是谁吗？

邱光平：不知道，一点儿都不知道。

刘　淳：那么你知道罗中立和"伤痕美术"是什么时候？

邱光平：知道罗中立还是通过印刷品《父亲》，当时川美那些有影响的老师一个都不知道。只想学工艺设计，学一门技术。一直到快考专业时，我才第一次看到油画，在四川美院的美术馆里第一次看到油画原作。当时就决定考这个，其实根本不知道油画是川美的王牌专业，是很难考的。我们班上90%都是考了三五年才考上的，还有考八年的。我运气好，一次就考进去的，虽然是专科班。

刘　　淳：你当时满足专科吗？

邱光平：其实我当时的心气挺大的，我想再复习一年。但是家庭条件不允许，我就没有复习。如果家庭条件允许的话，我是一定要读本科的。

刘　　淳：上学之后是什么状况？

邱光平：我们专科班学制两年，这期间除上课外，就是想自己能养活自己，给家里减轻一些负担。一年级的第一学期之后，我还往家里寄点钱呢。做家教，在黄桷坪那儿给别人画速写或头像，一块钱一张或两块钱一张，后来读二年级时就知道去画一些画，拿到一些画廊去卖，但是很难，那时还没有艺术市场。一张很大的油画能卖一百块钱，那时一百块钱可以生活一个月了。后来也教学生，可以收入好几百块钱，完全可以自己养活自己了。但这样的光景并不长。

刘　　淳：为什么老想着给家里寄点钱呢？

邱光平：因为家里的经济条件特别不好，所以春耕时要寄三百块钱买肥料。那时候特别想毕业，就想着出去工作给家里挣点钱，自己活得太不像人啦……所以读美院时就有一种自卑感，而且这种感觉非常强，根本不敢谈女朋友。

刘　　淳：根本的原因还是穷？

邱光平：对。很多从农村出来的孩子读大学都有这种自卑感。特别像我们70后农村出来的孩子，再早一点60后、50后可能没有。为什么呢？因为那时候大家都穷，谁也不笑话谁。我们那个时候都不一样了，说白了，学艺术是一件非常奢侈的事情，是富家孩子的事情，一个穷孩子学什么艺术？！所以那种自卑感一直伴随着我。

刘　淳：那会儿穷到什么程度？

邱光平：有一件事情记忆深刻，可能我这一辈子都忘不了。读一年级时，有一次饿肚子饿了两天，因为到月底了，身上的钱都花光了，一分钱都没有了，眼巴巴等着家里的汇款单。其实那会儿跟我要好的同学很多，但我就是张不开口，我一定要等到卖掉画的钱拿到，或者家里寄来的钱，所以真的是足足饿了两天。一年级时家里每个月还要寄一两百块钱，我记得一下课就跑到传达室门口，看黑板上汇款单上有没有我的名字，总是没有，好几天都没有，后来就有些绝望了，所以就足足两天没有吃一点东西。到二年级时家里就不汇款了，因为家里也很穷。那时候每一次回家时都很辛酸……

刘　淳：那时候家里穷到什么程度？

邱光平：其实，那时候跟我们村里所有的家庭差不多，普遍落后。小的时候我还算好一点，上面有哥哥姐姐，好吃好穿都让给我了。我记得那时候一个月只吃得上一次肉，而且还甚少。我三四岁的时候还没有包产到户呢，还是一个大集体，就是那种大锅饭。我是1975年出生的，大概1982年才包产到户的，读小学的时候我们家里才有地，情况才稍微好一些。但是我的哥哥姐姐小学读完就再也没有上过学，家里需要劳力，后来为了保证我读书，父母让他们都放弃学习了，为了生存，实在是没有办法。

刘　淳：你在高二以前画过画吗？

邱光平：没怎么画过，但是我在小学或初中时，已经显示出一点绘画的天赋。

刘　淳：怎么显示出来的？

邱光平：我从来没画过儿童画，一开始就是临摹小人书。小时候，我们村里的一群孩子在一个粮库的院子里玩耍，那是一个很大的空场地。因为没有粉笔，我们就在砖柱上把石灰抠下来在上面画，画了很多，有人鼓励说我画得好。其实小时候我的美术启蒙就是小人书，为什么要画小人书呢？那时候喜欢把小人书上骑马的将士剪下来跟小朋友们做游戏，赌个输赢。那时小人书有限，搞来一本几天就被撕光了。然后我就自己画，画完之后把它做旧，小伙伴都不知道是我画的。那会儿我在读小学。但是我们那个地方没有什么条件，也没有人发现或注意我有绘画的天赋。

刘　淳：后来呢？

邱光平：后来就遇到我的启蒙老师，他是从外面分到我们县中学的。有一次我们打篮球，我去捡篮球时偶然发现有学生在教室里画画，我很好奇，正是这种好奇改变了我的人生。于是把即将报考的国家二级运动员的考试都放弃了，每天中午去那儿画画，开始接触到素描和色彩，到高二下学期，老师说我不能教你了，你到重庆去学吧。

刘　淳：家里支持吗？

邱光平：当时家里特别反对，同样上大学，要花的钱完全不一样了。其实我非常感谢我的父母，特别是我母亲，她不知道画画有没有出息，当我说我想去画画，就是想考美术学院……

刘　淳：当时你母亲知道画画将来会有出息吗？

邱光平：没有。她甚至还觉得这是不务正业。我在读美院的时候，照理说也是一个大学生了，别人问我父母，说你儿子在哪儿读大学呢？我父母都不知道，说好像到重庆画娃娃去了，他们搞不清楚我读的是什么大学，学的是什么专业，他们对艺术没有一丁点儿概念。

刘　淳：父母也是目不识丁吗？
邱光平：我从来没有看到过他们写过字，可能他们仅仅是认识自己的名字而已。

刘　淳：自贡那个地方考到川美的学生多吗？
邱光平：整个自贡市考上油画系的只有我一个人，其他人可能有学设计的，但油画只有我一个人。

刘　淳：说明你走上艺术这个路还是比较顺利的，有些人连续考好几年都考不上，无论专科本科，你是一次就考中了。
邱光平：所以说我还是非常幸运的。

刘　淳：小时候有没有让你一生最难忘的事情？
邱光平：小时候虽然家里很穷，但我的童年还是非常快乐的。那时候没有感觉到苦呀、难呀的，大环境就是这样，所以家家户户都一样。有记忆的就是快打稻谷时家里断粮了，然后就到有粮食的人家去借，那时候家家户户都差不多。要说难忘的，就是我上大学一年级时，有一次冬天回家，其实家里都知道我要回来。我回去一是看看家里，二是想拿点钱。我第一眼看到我父亲变老了，头发白了很多，我父亲坐在板凳上一颗一颗剥毛豆，然后出去卖，一箩筐一箩筐的出来卖，卖了钱给我上学。我看父亲不停地剥，指甲都翻出来了……

刘　淳：指甲和肉分离了？

邱光平：就是这样。当时我的那种辛酸啊，眼泪一下子就出来了。我走的时候，父亲把一袋子钱用纸包好，都是零零碎碎的钱，那是他不停地卖毛豆换来的钱，给我的时候，我父亲一句话也没说。

刘　淳：可怜天下父母心啊……

邱光平：那天送我赶长途汽车的时候，是我平生第一次看到我父亲掉泪了。我去上大学应该是个好事情，但是因为我学画画，家里已经变得非常紧张了，已经是非常艰难了。从那个时候起，我就几乎没向家里要过任何费用了，我暗自下决心，一定要凭自己的能力养活自己，决不能再向家里要一分钱。

刘　淳：那你在重庆怎么养活自己呀？

邱光平：其实，最难的还是刚刚到重庆那会儿。一个人首先要学会生存，我刚到重庆时做过很多事情。农村孩子都比较勤快，帮着房东扛气罐，夏天背冰块等等，房东可以不收你的房租，这就等于挣下钱了。

刘　淳：就是帮房东干点杂活？

邱光平：对，开始时只能这样。那时候一个月是25块钱的房租，我就不用交了。下午放学之后，我就把一些红薯弄回来，我们房东特别好，他帮我弄好，第二天早上端到小学校的门口去卖，一天能挣十块钱，后来慢慢有胆量了，敢大声叫卖了。

刘　淳：是那种烤红薯吗？

邱光平：是的，加了红糖的，一毛钱一个。我这个人的性格很容易与人相处，首先是真诚，农村的孩子出来画画本来就很艰难。我跟重庆一个退休领导相处的非常好，后来我们成了忘年之交。我读书时每个礼拜天他都要让我去他家里改善伙食，叫保姆弄一些好吃的，吃完饭再回学校。

刘　淳：是呀，很多事情都是被逼出来的。

邱光平：没错，都是逼出来的。大学一毕业基本上就不怕饿肚子了，完全能养活自己了。

刘　淳：当你还是一个孩子时，肯定不会哲学地去思考问题，而是单纯地顺着让你觉得有趣的路一直往前走，这是一种直觉的状态而不是理性的。而且也不会考虑自己做的事情是否正确、是否合法，只是到后来你才会问自己"我做的事情是对还是错？是否应该改变？"就是说，是一种非常理性的做人和做事了。

邱光平：对，这就接着上面的问题了。你在这个社会现实中，开始会有一种陌生感和恐慌感，但逐渐都会适应。就像小时候学画画一样，由着性子来，根本没有思考过这条路会有多么艰难，或者是该不该继续走下去。但凡有人告诉我，说这条路很苦，你不会走出来的，也许我就会放弃。但是没有人告诉我，所以我就由着性子往前走，也不知道能走到哪里。但凡有理性思维或有这种经历、甚至有思考的人都不会让你干这个事情的。我记得我的启蒙老师说，你可以考一下当地的师专，一点问题没有的。那时候我知道有一个四川美术学院，所以我一定要去考，再苦再难也要去，正如我后来一定要去中央美院一样。所以我始终觉得我当年的那种小孩式的思考和莽撞，改变了我的一生。

2007 年春沙总结会议

2007 年查看春沙场地

2007 年 "上海·新动力" 左起：李仕民、刘芯涛、陈默、魏言、钟莉萍、李昌龙、邱光平

2007 年上海艺博会

2008 年邱光平与何多苓在汶川地震灾区

2008 年邱光平在汶川地震灾区红白镇小学

第五部分

思想者静默着，痛苦的石头垒成金字塔。而西部却在上升着，那是生之一瞬间看到的"沧海桑田"。我在这壮丽的景观中，感到渺小。然而并不悲哀，总有什么启示着，如同我们思索和愤怒。

——潞潞

刘　淳：你的性格里，是不是有一种非常固执的东西？

邱光平：不但有，而且非常强烈。它不是针对某件事情或某种信念。其实每隔一段时间，我要给自己弄一个点设置在那里，也许那个点是遥不可及的，但是它像一盏灯照着我，如果我人生轨迹上没有这种我自己设计的灯塔，我一定会走岔路的。所以它会让我不停地在不同时期设立另外一个点，然后朝着那个方向去努力。其实，我的今天就是这样走下来的。

刘　淳：你上大学时，正赶上中国社会转型，艺术界也发生了很大变化，在经历了20世纪80年代的现代艺术之后，90年代的新艺术以本土化的语言方式开始出现，你当时受到哪些影响？

邱光平：我很清楚，1994年刚刚进校时有一个展览，第九届还是第十届全国美展，那时候大批量地看到四川美院的老师以及整个重庆艺术圈的作品，那算是非常正规地看一个展览的作品了。还看到庞茂琨老师得了奖的作品，是《一个满地金黄的夏天》，当时印象最深的就是这件作品，特别美。当时还听到一个消息，说张晓刚的作品参加威尼斯双年展了。其实，当时的影响就是真正看到了一些优秀的作品，它们在精神上给了我一个很大的刺激，今天看来，那是一种潜移默化的作用，也是一个推动的力量。

刘　淳：上大学时是一种怎样的感觉？

邱光平：记得当时学校有很多讲座，那种氛围给我们创造了很好的环境，讲座的时候人很多，都挤不进去。对于外界的思潮，外面的信息大家有一种强烈的渴望，特别是张晓刚、周春芽等中国最早的一帮先锋艺术家到学校来，他们一帮人在茶馆喝茶聊天，我们在旁边听，觉得能听这些前卫艺术家们聊天谈艺术，简直太荣幸了。其实，做艺术家是一个漫长的过程，你首先得养活自己，今天的艺术家生存能力跟以前完全不一样了，以前真的有生命危险，如果你要继续做艺术的话。可能会被饿死。

刘　淳：怎么讲?

邱光平：中国社会真的有这种生命的危险，要么选择放弃，如果要坚持，真的是没有办法活下去。今天这种情况少了，有那么多人喜欢艺术，还有机构赞助艺术。如果你有足够的才华真的可以得到别人的资助，今天可以了，所以我认为我赶上了一个好时代。

刘　淳：环境发生了很大的改变，今天做艺术的人的状态和态度远不如20世纪80年代那批人的真诚和痴情，所以说环境可以改变一切的。

邱光平：是的。我是说，我们今天赶上了一个好时代。至少一个人在生存上不会那么艰难。

刘　淳：据说你在大学毕业以后的一段时间里，画面一直是装饰风和卡通样式，在摇摆不定的过程中左右徘徊。但是你很快就丢弃了那些尝试和探索，于是马就成为你作品中的主题，你是怎么选择了马?

邱光平：那还是读研究生的时候，老师规定了一个课题，叫作"唯美一把"。2004年开始研究，其实有很多丑陋的画面。怎么样把这种丑的东西让观众能够接受? 这是我研究的问题。比如最早看到方力钧的作品，首先是丑，跟传统的审美完全不一样，背道而驰。程丛林老师就跟我们说，不管怎么样，我们今天来做一个"唯美一把"，就是把内心最想表达的东西，从唯美的角度将它表现出来，但一定要做得唯美。给了我们两周时间。说实话，一个艺术家最想表达的，还是自己内心深处的东西。而在我们同学中，有的画人物，有的画风景，可以说画什么的都有。两周后我没有交出作业。但我一直在想，我内心最想表达的到底是什么。

刘　淳：还没有找到方向。

邱光平：是的，内心还是一团乱麻。有些东西是逐渐清晰的。小时候画小人书，骑马战将对我肯定是有影响的。于是用油画画了小时候的记忆，灰蒙蒙的一群战马冲过去，一种古战场的感觉，一共完成了两幅，后来这两件作品得到程丛林老师的充分肯定，他说画面很高级，还没有看见过谁这样画过。程老师是一位走遍全世界各地美术馆的艺术家，他说我的这两件作品放在全世界的任何一个展览上，都会有人说好，都会有人喜欢。

刘　淳：马在你的创作中已经成为一个非常重要的符号，我想它一定与你的童年记忆有关。

邱光平：是的。它与我儿时的经历和记忆有直接的关系，虽然不是刻骨铭心，但当历史记忆和现实处境一旦相遇时，就会出现某种东西，我觉得这才是最珍贵的。

刘　淳：小时候的记忆仅仅是马吗？

邱光平：2006年快毕业时，大家都找到了工作，我的单位是四川音乐学院。学校派我去西安招生，那是我第一次去西安，西安这座十三朝古都，尤其是古城墙，对我有极大的吸引力，晚上我就贴着古城墙走，躺在城墙那儿用心灵去感受它的历史，聆听跟马或人有关系的声音，历史的一幕幕仿佛在眼前出现，于是就产生了某种感受和创作上的冲动。我的毕业论文就是中国美术史中有关对马的描绘，标题叫作《主题先行与风格形态》，就是说风格先行还是主题先行。我采用了直奔主题的方式，至于风格，只能是跟随主题进行尝试，用最恰当的语言表达对象。

刘　淳：说明你当时已经开窍了。

邱光平：我在写论文的过程中也开始对我的画面进行调整。我觉得在人类的文明史上，马这样一个动物特别值得探究，为什么古今中外历朝历代那么多画家都在描绘马。除了马的体态美之外，其实人对于马寄托了太多的情感。我是从人类发展的角度体现出马见证了人类的发展，马与人类的文明息息相关，马与速度有关，与人类的生存和发展息息相关，所以我就把马背上的人去掉了，战将跟马比起来不再重要了，我直接瞄准了马本身。之后发现整个美术史中关于描绘马的作品太多了，近代的徐悲鸿、唐代画马的杰出大师韩干、西方的鲁本斯等等……

刘　淳：具体到画面上又是怎样处理的？

邱光平：我第一次创作的是马的背影系列，我画的是马屁股，就是马的背影。大概画了十来张，已经画不下去了，不知该怎么画了。从当时的背景上看，2006年整个中国当代艺术是卡通盛行时期，还真的影响到我了，我试着把马的头夸张，于是，那种带有情绪化的画面就出现了，画面有意思了。但是大马头这种卡通的形式很快又被我推翻了，我觉得站不住，因为我跟卡通文化没有什么关系。在我的成长背景中，我不觉得卡通美，所以很快就回到纯绘画本身了。后来为了真实地表达马的头部，到马场专门去拍摄，只有在一瞬间用相机留记录下来，才能给你更多的感受和更开阔的视野。我后面所有马的形象都是真实的，只是我们平时很少有人看到马的各种姿态。所以很多人看到我画的马都会想，马怎么会是这个样子？其实是非常鲜活的记录，是提炼出来的。

刘　淳：对马的结构、动态等许多方面的了解和熟悉也是你必须面对和解决的事情吧？

邱光平：那当然。不了解马的动态和一些相关的知识，如何能画好马呢？！这方面我还是下了很大的功夫的。另外，小时候喜欢画马，所以对马有一种天然的兴趣。

刘　淳：与兴趣和审美有关吗？

邱光平：有关。

刘　淳：以你画马为例，艺术发展到今天，一定与审美有关，但也是一种革命，一种反抗意识形态的手段。那么，除此之外艺术还有其他的意义吗？

邱光平：从我自己来讲，首先有一个自我认识的过程。最开始还没有触及艺术时，它仅仅是一个美术的概念，简单地说就是一张画的概念。但是在认识艺术的过程中，兴趣逐渐浓厚，开始对美术和艺术，甚至是对画家或者是艺术家的定义有了更深刻的了解和认识。再往后，艺术承载了其他的东西，或者说超越了它自身的功能，表达的范围越来越大，它关乎社会的发展和变化所产生的必然结果。所以我觉得艺术除了批判与革命以外，最重要的是艺术家内心的一种表达方式，一个通道或一个载体。以前从美术的概念到现在变成装置、行为和影响等，表达方式非常丰富，而且所承载的内容也非常丰富。从开始唯美的东西到后来对丑的东西的直接表现，都说明艺术的价值和意义在发生着变化，这个丑的东西中又承载了一种象征或隐喻在里面。我是觉得艺术真正的价值是它起到了预言的作用，还有一种启示的作用。虽说艺术解决不了问题，但是它能够提出问题，表现问题和揭露问题，我觉得这就是艺术在当下的功能所在。

刘　淳：你在作品中懂得将马作为一种神话的运用。在我看来，可以解释为一种现实与历史之间的比照。

邱光平：通常情况下人们一见到马，或多或少会想到与历史有关的信息，我最初的画其实就是画历史中的某个场景或片段，包括一些神话、寓言故事。艺术家始终会把个人的内心感受不自觉地呈现在作品中，我也不例外。后来的作品中始终都带有强烈的个人经验，而这种经验来自现实生活的点点积累，作品中运用了大量的隐喻方式。现实世界与历史经验何其相似，马与人又是何其相似，这里面可以对照出太多有意思的问题。

刘　淳：你笔下的马，总是处在种种矛盾和冲突的情境中，有时欢快跳跃，有时对天嘶鸣……重要的是，那些马是墟境中火焰将大地化为灰烬的见证者，那些"稻草人"编织的骑士，在自然环境中徒劳而悲怜，但没有表情的"稻草人"却显得义无反顾。你是在强调一种什么样的情绪？

邱光平：我觉得自己就是个矛盾体，作品中处处在设定对抗的元素。在我看来，有冲突才会有力量，我相信宇宙的一切都是遵循悖论原理的，作品也一样。我不喜欢画小情调的东西，骨子里面天生有一种好奇心和破坏欲。马的嚎叫与炭火的温度形成一种心理对比，而稻草人则成为画面中批判和讽刺的对象，一旦这些元素组合在一起时，我知道它将带给画面什么样的内涵和深度，至少在很长一段时间里面，我始终沉醉在这几个元素里面，它们让我得到从未有过的创作愉悦感。

刘　淳：你描绘马的画面上，大部分都发生了剧烈的透视变化，导致马脸或身体的变形，你是在刻意传达一种马的"情绪"吗？

邱光平：我只是做了一个小动作，就是把平时马的表情进行了一些放大，让视觉聚焦在脸上，这样一来，惯性的视觉被打破，马已经不再是千篇一律的马头，而是具有丰富表情的马脸。很显然，我已经把人的情绪移植到了马的身上，让它肆意发挥。

刘　淳：通过变形，马的表情立刻展现出来，孤独和恐慌，那是一种没有归属感的绝望。体现出一种人格化的魅力，也是当下人类准确的精神写照。

邱光平：马的表情一旦发生改变，整个作品传递的信息就变得奇妙起来，每个观者都有着自己的解读通道，也就是作品中要强调的精神指向。马不再是马本身，人们更多的是在揣摩马所承载的内涵，即画面背后隐藏的部分。无论是马的呼号还是忧伤，很自然而然地会联想到人，联想到当下的社会。这也许就是马夸张变形后的意义所在吧。

四面楚歌 布面油画 300×750cm 2009

争渡 布面油画 210×350cm 2008

刘　淳：那些画面上，有荒原和阴云，以及狼烟和燃烧的灰烬等，这些东西恰恰构成了现代人的生存现实。那是一种万物寂灭之后的绝望与悲哀，我们面前是一个令人窒息和恐惧的世界，人类，只有在浑噩中走向死亡……

邱光平：我前面也说过自己其实内心喜欢那种宏大的场面，喜欢营造一些情绪空间，有点超现实的虚幻感。这样的画面让我很有激情，很自由的挥洒笔触，画面饱满得就像火山爆发后的世界。只有这种场景，才能带出我的所有情绪，像早期的《四面楚歌》《争渡》，以及后来的《天堂》系列，都是我梦中的场景。白天的现实生活，在夜晚梦里开始编制成图像，这是我多年创作的方法了。

刘　淳：所以，你给我们描绘的是如同灵魂遭受巨大折磨的社会现实景象，那么，你是要为观众展现今天人类的精神生存现实吗？

邱光平：今天，世界是一个地球村。在全球商业一体化的信息社会里面，人越来越迷失掉自己，你来不及准备适应和接受，却要面临新的信息，想起来真的很可怕。高速发展的社会，每一个人都在奔跑。跑去哪里？为什么跑？跑着累吗？所有的问题都来不及思考。人们迷失在现代社会，开始了对远古社会的向往，我时常想象着能够穿越回唐宋，可以吟诗作赋，对酒当歌，追求一种精神的享受。而我们的现实是，精神已经被附上沉重的枷锁，每个人其实都压抑着情绪，太多的社会问题需要思考，关于环境、食品、健康、利益等等，每一个问题都让你感觉到压力。如果真的可以视而不见，那我就不想做艺术了。艺术是可以让我的精神有一块栖息的地方，是唯一让我觉得可以自由呼吸的地方。

刘　淳：你到过天葬的现场吗？

邱光平：西藏有天葬的传统，所以才会有大量的秃鹫存活。从宗教的角度来说，这种鸟是把人的尸体吃掉，把人的灵魂带向天堂的一个载体。在藏区严禁捕杀这种鸟，它受到法律的保护。我第一次见到这种鸟时，它张开足有两米的翅膀，眼睛特别凶狠。但是它对活的生物没有兴趣。那个鸟冲到现场时踩到我的脚面，非常恐怖。锋利的爪子和嘴，你会感觉自己将被它吃掉一样。我亲眼见到几百只秃鹫在空中盘旋，然后呼啸而下的场景。你想我这样性格的人怎么可能无动于衷呢！特别对它的眼神，我觉得充满了刚毅和坚定，它一直盯着腐尸，直到天葬师一声令下，全部冲上去……现场带给人的身体的反应，还有那种人体腐烂的味道……我一辈子都忘不掉。所以我要好好用我的艺术表现这个动物，后来就有了"天堂系列"作品。

刘　淳：所以我想，你并不是在简单的描绘秃鹫和马，而是在秃鹫和马的身上，找到了人类的某种命运？

邱光平：这批作品出来之后，去年在广东美术馆做了一个展览。再来看秃鹫和马的关系，是一脉相承的。如果说马承载了我的某种观念，那么秃鹫也承载了我的一些想法。我所选择的马和秃鹫，永远是我表达的一种载体。秃鹫后来又做成了雕塑，我依然觉得当时的想法没有表达得那么完整。但是当我看到这只鸟的时候，就跟人的生命有关系啦。你就会想到人类的命运。连当地的藏民都不知道秃鹫住在什么地方，从来没有见过它的尸体。人们只知道它在高空可以看到50公里之外的动物尸体，所以它很神奇。

刘　淳：它有很多传奇的色彩吗？

邱光平：在藏传佛教中，这种鸟叫空行母，就是女修行者修成正果之后变成的一种动物。为什么我的作品中没有把这些传奇色彩表现出来？因为我想做的是，用当代的语言方式把我想表现的鸟与人的生命的关系表现出来。我的素描稿当时拿到美国展出时，老外看了觉得特别神奇，通过翻译他要看这种鸟。美洲也有这种动物，但这种动物在美洲只吃动物的尸体，而在中国的西

天堂鸟系列之一 布面油画 180×90cm 2013

藏，它是吃人的尸体。一提到吃人的尸体，西方人会很敏感，因为鹰是他们的神物，而秃鹫也是鹰的一种，但它比鹰高级一些，它直接面对的是人的尸体。但是我的画面上不可能画出人的尸体，所以我把马扔进去，马的形态又是张着嘴撕裂的感觉，和秃鹫撕裂的感觉是不谋而合的。

刘　淳：你笔下的奔马其实就是你的精神自画像。

邱光平：很多批评家在做理论分析时，说马是我精神的自画像。其实，也是他们的精神的自画像。如果这个作品能打动观众，就是精神层面的东西。我记得有好几次，看过我的作品观众跟我讲，他说他一回到家老想着这个张着嘴的马，因为他从来没有见到过这种表情的马。

刘　淳：其实，马与人类的情感是众所周知的。而且马在人类的文明与发展史上起到极大的作用。而在你的作品中，又赋予马某种人文性的精神特质，但它又是悲剧的。

邱光平：悲剧往往可以让人记忆深刻，我骨子里面其实是一个悲观主义者。大多数时候内心的忧虑被隐藏起来了，只是作品中显现出来了。马是值得我们人类尊敬的，马也是高贵的，但是，就是这样一种动物，对人类做出如此大的贡献的动物，依然逃脱不了被灭绝的厄运。马的命运也许会被说成是一个自然规律的产物，那也就是说，马的命运也将预示着人也会像它们一样走向灭亡，这显然就是一场悲剧。

刘　淳：所以说，你笔下的马已经不再是一个具体的动物，它给观众提供了一个巨大的想象空间。每个人都可以根据自己的经验去思考和解读。

邱光平：我曾经想过要把马的图像画成各式各样的组成画面，希望观众在阅读时可以找到自己。里面有喜怒哀乐、悲伤的、复杂的和各种表情的。其实，我已经将马拟人化了。10个观众有10种心态，谁就可以在里面找到自己的影子。实际上我画面上的秃鹫也已经拟人化了，马和秃鹫都不再是动物本身，而是成为人的某种象征，是人的内心的某种参照。

刘　淳：没想到马竟然成为你后来艺术创作某个阶段的主题。

邱光平：所以我跟马还是有一种不解之缘。

刘　淳：马为什么会在你的作品中变成挣扎而扭曲的肢体，它在你的作品中是否已经成为一种人格化的主体了？

邱光平：至少在很长一段时间里面，马成了画面的主体，而且一定是人格化的主体。

刘　淳：你作品中那些夸张、变形和彪悍马给人一种强烈的视觉冲击，据说你在创作的时候也像一匹野马，有一种玩命的感觉。整个人处在一种极度的亢奋之中。

邱光平：我在画画的时候，要把力量压到一个点上，也就是说，一定要找到一个爆破点。所以整个创作过程始终是兴奋的，全身充满力量，那种感觉特别舒服。其实我画了蛮多大尺幅的作品，甚至有几十米长，这些作品在我构思时已经开始兴奋，兴奋得睡不着觉，有时一画就是一个通宵，2006年到2008年那段时间经常是通宵达旦，一旦上手就收不住，感觉一会儿就天亮了。那会儿我在北京有一个工作室，主要就是在那儿工作，2008年、2009年最大的作品就是在北京完成的。我记得当时做了一个木梯子，画大幅作品使用的，每调一笔颜色就得爬上爬下，每天上上下下好几百次甚至上千次，完全是在拼体力。我画画大部分时候就是一只大刷子，最后用小笔画一些细节或局部。画面整体感觉比较松动，有一种韵律，就是你看得到那种情绪。

刘　淳：张着大嘴的马是你有意夸张的吗？

邱光平：如果这个马不张大嘴，那就是一件平庸的作品。我试着去画一些唯美的马，那是一种很乖巧的感觉。但那很多人会说，邱光平没了，邱光平的思想没了。这么多年过去了，大家对张着大嘴的马已经适应了，也可以挂在家里了，也不那么害怕了。这个转变的过程我很清楚，画面里真的有那种精神力量在撼动着观众。时隔很多年之后，画里的那种精神依然存在。

刘　淳：对于你作品中不断出现的马的形象，你是在以人类的危机、生命的空洞和生活的荒诞来衬托出马对人类的忠诚。

邱光平：这个东西在作品里面肯定会有的。马有很多特质，为什么我要把马画的跟人类有关系，比如说忠诚、无私奉献，包括跟人类的终极命运等。我是把所有的情绪都发泄到在到画面上去了！画面上有燃烧，有人类垮塌，有一种痛感在其中。所不同的是，我能把马的那种痛感，其实就是人类与马那种关系的痛感表现出来，所以我的画面中充满了一种荒诞和死亡的气息。

刘　淳：那些张着大嘴的马，形象惨烈，是为了增强画面的视觉冲击吗？

邱光平：在我的脑子里，马就是张着大嘴要惨叫的那种状态，而且还要把它放在一个环境中，那种特殊的感觉就会呈现出来。那种痛感一旦出来，才能给观众以刺激。如果它只是一张唯美的画面，就失去了本身的意义。我想要的是，置之死地而后生的马。

刘　淳：其实，你画马是在一种语境中想激活某种东西，从而建构并提供了可以阅读的视觉文本。所以，你笔下的马绝不单单是一个动物的形象，而是一个蕴藏着意义和价值的视觉符号。

邱光平：正是因为这些问题所在，所以我的马才会被很多人去研究。实际上，我是在画完"天堂系列"作品之后回过头来再看马的时候，我的想法和眼光已经发生了变化。接下来关于马的题材可能是另外一个方向，以后的马不一定那么惨烈，缠绕着一种死亡的气息。可能要承载一些未来美好的东西，尤其在精神上不能老是纠结、撕裂和痛苦，要将其转换成一种正能量，这是我未来要做的一个方向。

所以，马所承载的精神和内涵并不是马本身，而是我个人的一种情绪反应，或者说是我个人对社会的情绪反应。2008 年 5 月汶川大地震之后，我的作品立刻就跟生命有了某种关系。我在现场见到那么多小孩的尸体，那一瞬间感觉到生命的脆弱。包括我后来的《争渡》和《四面楚歌》，都有一种潜在的危机四伏的感觉，其实很多危机至今也没有解决。这种手术式的移植，就是我接下来要研究和尝试的工作。

刘　淳：马和秃鹫这两种动物，在你的作品中为什么会有表情？

邱光平：其实马是一个没有表情的动物，一旦打破了这种常态，画面突然就会出现一种陌生感甚至是新鲜感。很多人并没有见过秃鹫，甚至没有听说过它，但它就是一种鸟，在我看来它眼神里的刚毅和坚强恰恰是我们今天现代人所需要的。人们在今天充满了游离和狡猾，外表和内心有巨大反差，但秃鹫是一致的，马也是一致的。于是我又把它进行拟人化的处理，更像寺庙里的护法神的那种表情，那就是秃鹫的表情，只有鹰类动物的表情才具有冲击力。我想把这个动物神圣化，赋予马和秃鹫拟人化的表情，甚至以后的动物都会拟人化，我不会画它本身，因为对我来说没有任何意义。

刘　淳：马在你的作品中总是一种抵抗、奔跑、放纵和绝望的形态，形成了一种巨大的视觉张力。我觉得这是你对工业文明乃至对自然及物种的极度愤怒，同时也是对人性过程中精神秩序混乱之后的某种绝望的哀叹。

邱光平：我有一件装置作品叫作《五马》，最开始取的名字是《五马分尸》，马有两米多，五匹马，中间拉的是一个汽车发动机，发

2010 年　五百马力　雕塑　玻璃钢彩绘

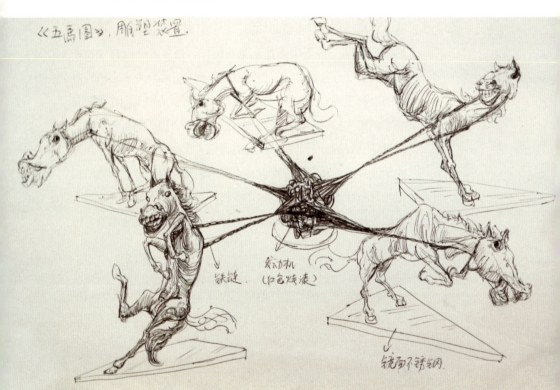

《五马图》雕塑装置

铁链.

发动机
(红色烤漆)

镜面不锈钢.

2010 年 "禽兽人间"《五马图》雕塑装置结构草图

2010 年 五马 雕塑 玻璃钢彩绘（四川省博物馆"禽兽人间"展览现场）

动机是工业文明的产物。五匹马往五个方向拉，这一拉就形成一种拉扯关系，就形成某些图形。我是借用了中国古代的一个宫刑，那是一种非常残酷的刑法。

刘　淳：把人撕碎。

邱光平：对，在中国传统文化的语境中会一下子看懂，当时在四川省博物馆展出时被封掉了，不让展出这类作品。

刘　淳：为什么不能展出？

邱光平：如果从展厅的上面往下面看的时候，整个作品呈现出一个五角星形状，这不就跟政治有关系了吗？

刘　淳：你创作的时候有这个动机吗？

邱光平：没有。

刘　淳：他们是误读？

邱光平：他们只是按照他们自己的解读来理解和认识，其实我所有的作品跟政治都没有关系。但是这件装置作品恰恰是往五个方向拉，所以就呈现出这样的图形。后来很多专家说，邱光平作品中的马是一种传统的力量，与发动机那种现代的力量是一种拉扯的关系，也是一种抗争。五匹马形成一种撕裂的形态，它们张着大嘴极其痛苦。其实，这件作品也在暗喻马的命运的悲剧性，工业文明得以迅猛发展，高科技得以迅猛发展，所以马的生命就会慢慢消解。我作品中马的形象为什么会有这些抗争，可能与我感知到的人与人的关系、人与社会的关系、人与自然的关系等相关，都会有一种抗争。

刘　淳：有意思，借助中国成语来做一件作品，非常智慧。后来这件作品又展出了吗？

邱光平：后来又搬到温州博物馆去了。

2010 年温州博物馆　　　2010 年"昨世今生"展览现场
"昨世今生"展览海报

刘　淳：这次可以展出了吧？

邱光平：这次我把中间的一个汽车发动机换成一个楼盘，没有把它做成
　　　　五角星的形状，但依然是属于那种坍塌和拉垮的感觉。

刘　淳：还是借用"五马分尸"这个典故吗？

邱光平：我一定要借用五马分尸，否则就没有意义了。这一次真又被封
　　　　杀了。

刘　淳：又触动了哪根神经？

邱光平：那个展览叫《昨世今生》，也是我的个展，这个《五马分尸》
　　　　又不能展出了，原因是刺痛了温州的炒房团。这件装置雕塑四
　　　　周全部都是泡沫，中间是一个被拉垮的楼盘，我想表达这个社
　　　　会中楼盘的泡沫经济，楼市的泡沫一定会倒塌，这是一种预
　　　　言，但是放在温州那个特定的环境中就被撤掉了。这件作品后
　　　　来被美术史家鲁虹收到他写的《中国当代艺术史》里，我想它
　　　　一定会在当代美术史中留下痕迹。

2010 年 "昨世今生" 展 左起：金柏东、邱光平、鲁虹、王林、吴鸿

2010 年 "昨世今生" 展雕塑被撤下现场

第六部分

别告诉我有火啃不动的骨头，南北烧成灰烬也为时不远。这世界的魔咒
纠缠于你的梦魇，就像那狂奔的马群，正携带着火云从天空莅临。

——孙谦

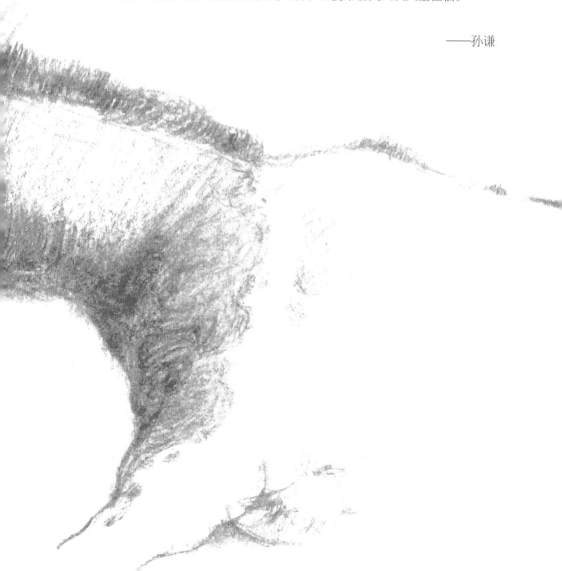

刘　淳：艺术对你个人和生命哪一个更重要？

邱光平：我觉得生命更重要。你先要活下来才能做艺术，如果生命都没有了，那艺术也就无法进行了。我们可以把艺术说成比生命更重要，但实际上生命更重要，艺术需要发展的过程，你是一个艺术家，你在艺术的历史长河里永远都是一个点，甚至什么都不是。

刘　淳：今天，艺术的标准已经发生和很大的变化。艺术已经不再是艺术了，而是能否获得成功。换句话说成功与否成了当代艺术的标准，与艺术家的个人经验、创造力和心灵世界没有任何关系，对此你怎么看？

邱光平：在我看来，既然艺术的标准发生了变化，那么成功的标准也在发生着变化。什么叫成功呢？是金钱和物质吗？这是一个大众普遍关注的话题。今天，当代艺术的标准到底是用金钱去衡量呢？还是用什么去衡量！中国可能有95%的画家还是像传统的画家那样默默无闻，最多有5%的艺术家，不管他通过什么方式使社会认识了他，通过各种传播渠道告诉你，他是一位艺术家。艺术本身还是跟他的才情和智慧有关系的，有的画家做得很好，但是真的没有人知道他。我身边也有很多艺术家，他们没有通过各种渠道去传播，所以就只能默默无闻。当然，这其中还有机遇和个性等很多因素。今天是一个数字的时代，很多艺术家都愿意营销自己，迅速把自己的艺术观点传播出去，而有的艺术家其作品的价值，要十几年甚至几十年之后才能凸显出来。在今天的经济大潮中，我感觉有很多艺术家放弃了追求而妥协于市场，这是一件非常可悲的事情。

刘　淳：我同意你的看法，但无论在什么时代，一个真正的好艺术家是埋没不了的。

邱光平：对。一个真正的好艺术家，会在学术的大海中忍受孤独寂寞。但今天不可能再有人做隐士了，时代却是变了，不会再有梵高那种忍受孤独的艺术家一个人苦心专研了。

刘　淳：数字时代有它自己一套非常完整的生活方式，这是传统方式所
　　　　绝对不能代替的。

邱光平：没错。生活方式的不同，使人的思维方式也在发生变化。

刘　淳：我所理解的艺术是生命的体验，也就是说，在你的内心看到一
　　　　个世界。

邱光平：每个艺术家的作品呈现出来的一定有一个很畅通的通道，观众
　　　　在阅读作品时能感受到艺术家的内心体验。现在是一个网络和
　　　　数字时代，你需要什么信息都可以在网上获得。但是，真正缺
　　　　乏的正是那种体验的感受，那是一种真实的肉身体验，那种体
　　　　验弥补了你的作品中的空洞，没有体验，没有感受，仅仅依靠
　　　　图片是做不出那种作品的。
　　　　我这次去西藏特别有感触，把你扔在那个地方，上气不接下
　　　　气，那种在高海拔缺氧情况下的感受，和坐在这个有空调氧气
　　　　充足的房间里是完全不同的。

刘　淳：其实，艺术是一种混沌的状态，是一种不能肢解的整体感悟，
　　　　它应该将人带到一个未知和陌生的世界中去。

邱光平：没错。接着上面我讲的，就是一种陌生感，任何一种很熟悉的
　　　　环境都会把你埋葬掉，人在一个舒服的环境中待久了，你的创
　　　　造力就会下降。把自己扔在很陌生的环境里，人的大脑就会高
　　　　速运转，比如遇到生命危险，人的求生本能就会自然出现，求
　　　　生的创造力就会在这个时候凸显出来。其实艺术创作也是一样
　　　　的，我们经常讲绝处逢生，或者是枯木逢春，就是这个道理。
　　　　把你逼到一个死角，如果你有能力和足够的自信，在死角同样
　　　　可以开花，那才是真正的生命之花。

刘　淳：绝境时的逢生，其中就有一种创造性的力量。

邱光平：完全是。那是一种爆发力，艺术创作就要有这种爆发力。

刘　淳：从这个意义上说，所有的艺术最终要成为一种知识，与创作无关？

邱光平：应该是。作为艺术家来讲，也有一个认知或是熟知的过程，对于艺术的理解，艺术最终变成一种知识，知识就要传播，大众要去接受它。比如"文革"时艺术要为工农兵服务，为政治服务，人们真正认识它，是"文革"过后的拨乱反正和思想解放运动。艺术才开始慢慢地变成自我表达和情感表达的方式。今天的艺术已经很自由了，已经变成了一种大众的知识共同体。西方在对待艺术的观点或在他们的意识形态中对艺术的理解，已经将艺术变成了一种知识，他们的传播或谈论非常便捷，与生活息息相关，甚至成为生活不可分割的一部分。

刘　淳：模糊了艺术与生活的界限而成为一种生活方式。

邱光平：完全是这样，成为一种生活方式。今天的生活已经发生了很大的变化，我们把它叫作文化运动。其实，艺术在我们的生活中已经占据了很大一部分，不管你有文化还是没文化，都要关注艺术，甚至都与艺术相关，这是一种非常好的社会现象。

刘　淳：在我看来，知识是一种解放的工具，艺术创作不是要符合知识，也不是要表达知识，而恰恰是通过知识达到艺术没有办法达到的高度。

邱光平：艺术走在所有知识的前面。它给人提供了一个超强的想象力，只有通过不断的艺术实践，你才会积累很多的知识。好的艺术永远是探索性的，超越性的。

刘　淳：有一种艺术家，他从生命的主体、他自身对存在的体验和精神的冲动中进行创作，一切听从内心的引导，我觉得你就属于这样的艺术家。

邱光平：有可能。因为我在创作上真的是不太理性的那一类，激情与冲动成为我创作的起点和重要的出发点。所以你就要尊重那种冲动，要保护它，绝不能被理性的东西所埋没。很多艺术家创作的冲动都源于这一点，但是为什么他没有燃起来？为什么这个星星之火最终没有燎原？！就是因为理性之火把它浇灭了，我不愿意让我生命中的那种冲动被理性的东西束缚和禁锢，我愿意永远保持我在艺术创作上的这种冲动。

刘　淳：这一点是非常珍贵的。

邱光平：但是理性可以直接毁灭它，所以我要保护它。艺术创作的过程中，百分之八十都是在耗费你的体力和精力，但这也是一种体验，其实只有百分之十是有效的。

刘　淳：我非常同意你的这种说法，那么在你看来，艺术到底是什么？

邱光平：艺术是什么？对于我来讲，艺术就是我的生命。也许，我的生命就是为艺术而来的。我今年39岁，前面三分之二的时间都在为生存而奔波和挣扎的，最近十年才认真在艺术上进行探索与尝试，所以就有了一种艺术就是我的生命这种感觉和状态。最后才认识到只有这条路才是唯一的。我的人生经历注定了这辈子要干这件事情。所以其他别的都不重要了，重要的就是你还存在，还经常为艺术而烦恼、纠结、紧张、痛苦和兴奋，还继续被它折磨着……

刘　淳：那么艺术与真实，究竟是一种什么样的关系？

邱光平：我觉得艺术跟真实之间是一种悖论的关系，艺术跟真实之间其实存在着很大的差异性。真实世界是我们看到的，通过艺术表达出来。照相机发明了，就可以通过相片把真实世界拍下来，但很快就有人提出绘画的死亡，因为绘画不再描绘真实的世界，你描绘出来的已经是通过艺术家自身的感受改造过了。艺术与真实之间，永远是一种相互依存和相互背离的关系，这种关系就是艺术离不开真实，你离开了真实之后就完全没有根基了。艺术源于真实世界，但又高于真实。换句话说，艺术的真实与生活的真实不是一回事。

刘　淳：有批评家说你的内心充满着一种撕裂式的情绪张力，那是一种呼唤激情、渴望崇高的英雄主义情绪与现实的平庸纠结在一起，人文主义的理想与现实的物质社会碰撞在一起。我想知道这种情绪是怎样产生的？

邱光平：跟我从小的成长经历有密切的关系。我们20世纪70年代出生的这些人，在成长过程中和所受的教育中，有一种非常强烈的英雄主义情节。这一点在你的生命进程中是无法改变的。

刘　淳：其实都有，我们50年代出生的人也有。

邱光平：从小看电影、阅读书籍和所接受的教育都是这样，就想成为英雄，但是现实世界中你成长的过程不可能去充当英雄，比如小时候你很有正义感，敢于打抱不平，敢于伸张正义等，都是一种正能量，我身上也体现出这样一种气质。那么我的作品中为什么就会有这种撕裂感呢？因为这种英雄情节找不到出口，现实世界又这么平庸，如何实现内心的那种英雄主义的东西，你又不能真的冲上去跟人去打架。所以我只能在作品中呈现出来，比如我的作品中的"稻草人"，就是把人类自身抽空了。《纵火者》系列中稻草人举着火把，你可以把他视为英雄，也可以说他是丑陋的、愚昧的，当他要去做任何事情时，都会把自身引燃，这是一个悖论的关系。所以我的作品中呈现出的痛感，其实就是现实生活中所感受到的社会的痛。

刘　淳：这是你对社会与现实思考的结果？

邱光平：是这样的。当代艺术就是艺术家对现实观察与思考的产物。

刘　淳：我们今天的发展速度太快了，很多事情成了一种过眼云烟，所以我们应该回到常识上来。只有回到常识上来，才能有一个清醒的头脑和明确的认识。

邱光平：是的，这一点没错。今天的社会发展让你来不及认清世界，甚至也来不及看清自己。所以在这个现实社会中要生存，首先要看清自己，如果连自己都看不清，那真是成了问题，你还做什么艺术？！包括艺术家本身。我创作的时候是一个人，生活当中又是另一个人。现实生活对艺术家是一种观察、思考与吸收，是一种感知的过程。而艺术家在创作时，他会是另外一种状态，他会在创作的时候会把他平时思考的所有东西都在作品里呈现出来，把所有的感知、感悟到的东西进行重新组合，然后放到作品中。

刘　淳：作为一个艺术家，你与中国社会现实究竟是一种怎样的关系？

邱光平：其实艺术家就是普通而平常的人，就像作家一样，作家平时生活也很正常啊，但是他的作品很有张力，会产生巨大的影响。艺术家也一样。艺术家与中国社会现实应该是一种和谐的关系。但作为一个艺术家，还应该保持着清醒的头脑和思想的敏感度。我要不停地改造我的作品中的对象，以及作品和这个社会的关系，无论如何，它都是一个艺术家的思考，因为，艺术家永远是在用作品说话。

刘　淳：我们面对现实社会时都有一种纠结，包括自己与社会、他人、家庭的关系等等。作为一个艺术家，化解这种纠结的方式是什么呢？

邱光平：有时候会觉得很无助，也很无力。与自然世界相比，人实在是太渺小了。艺术家在今天的社会中属于边缘人群，有时候自己觉得很清高，好像站在社会的最高点上看问题，其实他是在最高点和最低点之间徘徊和游离的状态，所以肯定会出现纠结、迷茫、烦恼、痛苦甚至是沮丧的状态。你只要是一个正常的人，都会有纠结。当然，我还会选择一些架上以外的语言方

纵火者系列之 14 布面油画 200×160cm 2009

式，那种释放的方式对我特别有效。就像一个表演者，就表演给自己看，它就是我的一种生命体验。

刘　淳：你在创作上，每一个不同的阶段都保持着非常清醒的自我警觉意识吗？

邱光平：其实，我一直不想去重复画一个没有感觉的东西。一旦某一个图像、符号或那种感受被我做久了，兴奋点就会消失了，没有兴奋点对于我来说就没法去工作。从这个意义上说，每个阶段的自我警觉意识还是有的，而且还是比较明确和清醒的。其实，很多艺术家都应该有。

刘　淳：跟你的性格有关？

邱光平：当然与个人的性格有关，但对于我来说，更多的应该与艺术家的个人创作经验有关。因为艺术的本质是发现与创造，而不是去无休止地重复。

刘　淳：你是一个什么样性格的人？

邱光平：我很固执，而且就表现在这里。换句话说，我不喜欢被别人强迫，比如某某人要一张画，先付订金然后开始工作，我完全是没有感觉的，所以我几乎不接订单，也做不了这样的事情。马的系列作品画了五六年了，我发现那种兴奋度开始变得平淡了，没有开始的那种起伏感了，所以我特别想找另外一种东西来刺激一下。

刘　淳：你去西藏是否想调整一下自己，或者说激活某种东西？

邱光平：是的，完全是这样的。2011年我去了川藏区，说白了就是想换一个环境感受一些新东西。那次旅行我看到了天葬，十几具尸体被秃鹫一会儿就吃光了，那种身临其境的感觉对我自己的肉身来说刺激太大了。然后就开始思考关于人的生命问题，从精神层面又往前推进了一步，如果我不是亲眼所见，回来之后我就没有那么大的勇气将马这个题材停下来。

刘　淳：你是一个特立独行的人吗？

邱光平：不完全是，但我的骨子里肯定有特立独行的因素。

刘　淳：将马的题材停下来，于是开始画秃鹫了？

邱光平：对。从川藏区回来之后就赶紧着手准备，因为自己感觉到要有
　　　　新作品出来了，所以必须抓紧做各种准备工作。后来再看时，
　　　　感觉跟前面的作品还是一脉相承的，就是说，它有一个上下文
　　　　的关系。可能有些人不认同，所以合作的机构也会遇到一些麻
　　　　烦，但这个跟我没有任何关系，我只尊重我的内心感受和我的
　　　　状态。大概是2011年到2013年间，我把自己关在工作室里创
　　　　作《天堂》系列，直到把《天堂》系列呈现出来，弄得我是筋
　　　　疲力尽，这才感觉到它终于完成了。但我觉得还是没有画够、
　　　　没有画足。

刘　淳：你这一次西藏之行最远走到哪里？

邱光平：这次西藏之行最远跑到阿里，整个行程一共33天，一万多公
　　　　里。我亲自驾车穿越，有的地方还要徒步，转了一大圈之后，
　　　　我又有感觉了，接下来我的创作可能还会发生变化。

刘　淳：是的，每到一个陌生的环境，内心都会发生变化。

邱光平：其实，我每个阶段的自我警觉都来自我内心的变化，再者就是
　　　　由着自己的性子去做。我始终觉得内心有一个声音在呼唤，一
　　　　旦我做出决定，我不会回头的，我会继续往前走。所有的点最
　　　　后变成一个圈。最后我又回到原点上，但过程源于我的内心发
　　　　生的很大变化。也许，一个艺术家的成长或进步，就是在这种
　　　　不断的变化中逐渐形成的。

刘　淳：是的，所以我一直认为只有在对抗的时候，无论是针对自己还

2011 年邱光平于毛娅大草原

2011 年"亚青寺朝圣之旅"

2011 年邱光平与藏区青年在一起

是外界，人最真实的东西才会暴露出来。

邱光平：因为对抗会产生力量，没有对抗哪里来的力量？！所以对抗是当代艺术的特征之一，对抗的方式很多，对抗的对象也在不断发生着变化，自己也要调整自己的方式，你的创造力和工作量都应该不断做出调整，面对发生的变化，对抗越大力量就越大，创造力就越大。其实，艺术家永远是在跟自己争斗，内心还藏着一个自我，于是就不停地对抗。对抗的过程中会有很多不确定的因素，或者还会有偶然的东西出现，而这种不确定性和偶然性恰恰是创造的动力，是非常可贵的东西。也许就像你说的，人最真实的东西恰好在这个时候暴露出来。

刘　淳：对于任何艺术家来说，个性永远是最重要的，其中包含着对生命的体验和对世界的认识。

邱光平：一个没有个性的艺术家，很难让人们去理解他的那些没有个性的作品，所以保持自己的秉性，保持自己性格中最特别的那一部分是相当重要的。当然，作为一个艺术家，也不能为个性而个性，不能将个性当成表演的外衣披在自己身上。

刘　淳：那么这种个性如何保持呢？

邱光平：首先是立场和态度。我学过古典艺术、印象派、抽象表现主义等等，几乎所有的流派都尝试过。最后发现自己的个性没有了，自己被消减、被束缚、被捆绑的什么都没有了。在读研究生二年级时，我突然醒悟，不管学谁都会将你自己埋没，所以，你只有把自己找到之后，你的个性才能凸显出来。反观中国当代艺术，但凡成就突出的艺术家，他们都是能在时代的大潮中找到自己，都能在艺术史的长河中把握自己，其实就那么一个闪光点，那个点就是他自己。所以我觉得一个艺术家一生中真的认清了自己，是一件非常不容易的事情。

刘　淳：这的确是一件很难做到的事情。

邱光平：通过艺术认清你自己，这是一件多么有意义的事情啊！但大部分人还是在混沌当中游离。

刘　淳：绘画，对你来说是不是最重要的？也许，最重要的是一种天赋的东西，那是一种生命的结构。我想说的是，绘画是你生命中唯一的表达方式吗？

邱光平：不是，肯定不是。今天，我们还在谈论着绘画，觉得它非常有价值，至少对我来说还有很多的快感。但事实上，我不得不承认，绘画已经不是我唯一的表达方式了，甚至说，绘画已经不能够完全表达我的内心了，它承载不了那么多的。

刘　淳：为什么？

邱光平：随着年龄增长，你思考的问题越来越多，也越来越深，所以绘画就不能表达那么多了，我会选择影像或其他方式，包括文字、装置和行为等，这些都会以独特的方式替代绘画。对我来讲，绘画始终是我自己在艺术探索过程中的一个承载物，可以快速记录我的心情和感受，甚至可以说它已经是我的记录方式。因为我已经不会对绘画语言本身那么着迷了，我很清楚，以前那种花哨的东西不重要了，绘画在我的艺术生命中已经变成某种快乐和享受了。

刘　淳：你觉得你的作品在将来能够对社会产生意义吗？

邱光平：每一个艺术家都希望他的作品对社会有一定的作用和意义，我也不例外。之所以选择做艺术家，是因为它的价值在于很多年之后，我的孩子、孩子的孩子可能会在某一个公共场合中看到我的作品，说明我在这个社会中留有一定的痕迹，这就足够了。也可能我的作品以后一点价值也没有，成为一堆废品，谁能说得清楚呢？当然，给当代人留下某种记忆和思考，也就够了，也就很不容易了。

刘　淳：在我看来，你的作品必须从思想的层面进去才是后人理解认识的途径，艺术与哲学在你的作品里被紧紧地捆绑在一起，将观众带到一个完全陌生的时空中。

邱光平：有一个阶段我非常迷恋技术。当我开始不太在意技术的时候，作品在精神层面的东西自然就加重了。我还是希望大家看到我的作品的精神层面的东西而不是技术的展现。从整体上感觉到这个艺术家在思考什么，这是近些年来我的作品所发生的变化。从这个角度上说，我的作品不是那么含蓄的，是将一些东西最直接地告诉给观众的，这才是我的作品里所包含的东西。当然，很多批评家给予我理论上的支撑，但我觉得原点就是那么一两个，比如关于历史和生命的，关于人类命运的终极追问。其实我就是在一种反反复复中，寻找最好的表达方式。而且每次画完之后给作品取名字就非常困难，可是一旦有了名字就有了一个框框。所以后来干脆不用名字了。

刘　淳：方力钧的作品从开始到今天都没有名字，给观众留下宽阔的想象和解读的空间，有时候名字真的是一个限制。

邱光平：是的。虽然没有名字，但是每一个人去观赏或解读他的作品时，都会带着自己的情绪进去。这样的话，在很大程度上缩小了观众和作品之间的距离，也缩小了艺术家与观众之间的心理距离。

刘　淳：你刚才说你是一个非常复杂的人？我想知道怎么复杂？

邱光平：我觉得艺术家都是一个复杂的结构体。头脑里思考的问题和东西太多，就在复杂的问题里挑一两个问题都够别人做一辈子的。我就是这样一个人，有时候觉得艺术的表现手段或方式太少了，甚至没有办法去表达。我想写点文字，或弄影像什么的，文字是一个辅助工具，可以帮助你做梳理和记录工作。我说我是一个比较复杂的生物，其实一个艺术家本身就需要复杂，如果很简单、只能思考一个问题的人，是很危险的。其实我所认识的艺术家，都是很复杂，艺术家就是一种复杂的人。

刘　淳：就是说，艺术家不应该是头脑简单或单纯的人。

邱光平：是的。应该说，艺术家天生就是一个非常非常复杂的人，他所
　　　　思考和关注的问题，不仅仅是手艺和技术的东西，还有思想
　　　　的，精神的，形而上的等等，它不是一个简单的事情。

刘　淳：你是一个富有正义感的人吗？

邱光平：是的，我是一个富有正义感的人，也是富有正义感的艺术家，
　　　　这一点从我的作品中可以看到，没有任何问题。

刘　淳：如何理解正义感？

邱光平：所谓的正义感，就是追求正义、伸张正义、坚持真理的精神诉
　　　　求。一个人在这样一种精神的支配下，敢于同一切邪恶势力和
　　　　行为做斗争，它会对社会的发展和进步起到积极的推动作用。

2010 年"禽兽人间"展现场 左起：杨卫、高岭、吴鸿、邱光平、何桂彦、陈默

2011 年邱光平、秦祥龙在西安

2011 年邱光平主持"破格"展开幕式

2011 年邱光平"破格"展览现场
接受艺术国际网采访

2012 年邱光平在纽约大都会博物馆

2012 年邱光平在美国参加"超越肉身"
展全体艺术家合影于白宫

2012 年邱光平在泸沽湖写生

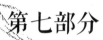

第七部分

在与血同迸的路途上，太阳金属的光泽，逐渐从他们挺近的脸上褪去。

——孙谦

刘　淳：在你看来，当代艺术需要正义感吗？

邱光平：中国当代艺术在改革开放的历史进程中，始终坚持的就是一种正义感和良知，这才是一个艺术家个人道德品质的集中表现。没有正义就没有公平，社会的发展和进步需要每个人的参与，这就要求我们每个人都要有正义感。

刘　淳：从当代艺术的意义上说，艺术在今天的作用就是通过艺术家的观察与思考，来引发观众的再思考。

邱光平：是的。实际上艺术家的作品只是起到一个刺激的作用，然后才是引导。通过作品刺激观众去思考，但有些艺术家的作品很直接、很生猛甚至是血淋淋的；有些艺术家的作品是慢性的，像药物一样慢慢浸到你的骨子里；有些作品看了之后就不想看了；而有的作品总是不会厌烦。我还是喜欢后一种做法。艺术发展到今天，不再是那种传统的手艺和技巧的展现，而是通过视觉的方式给人以沉思，作品中蕴藏的思想、态度和立场，以及艺术家要表达的东西，都明明白白地展露在那里。艺术在今天，确实发生和很大的变化。

刘　淳：从你的作品中，我看到你有一种奇特的想象力，它来自哪里？

邱光平：我经常会问自己，你是属于哪一类的艺术家？有时候我真是觉得我是一个具有创造性和创造能力的艺术家。众所周知，创造性的本质是艺术家的想象力，没有想象力创造从何而来？！尽管我的创作也借助一些图片，但它仅仅是一个参照物，实际上我还是在我的想象空间中游走。就像你说过的那样，我是一个典型的特立独行的人。那么，想象力来自于哪里呢？我想它就是一种天赋。我们的艺术史中，有很多艺术家的作品具有超强的想象力和创造力，甚至跟梦境有直接的关系。我也一样。我要创作一个作品时我会闭上眼睛去想象，我会凝固那种想象。我的画面中有很多场景有点像科幻大片的场景，有时候觉得画面有一种很荒诞的感觉，就是这种荒诞和不真实，才让我自由了很多。所以，想象力是一个艺术家必备的能力。

刘　淳：但是，它不是人人都有的。

邱光平：其实，人的想象力是天生的，就是生来具有的。毕加索关注非
　　　　洲木雕，除了对非洲木雕的兴趣之外，他对儿童画也有极大的
　　　　兴趣，克利也是一样的。如果缺少儿童观看世界的天真和惊奇
　　　　感，想象力从何而来？那些大师也创造不出那些作品的。当
　　　　然，真像你所说的，想象力不是人人都具备的。

刘　淳：艺术的创造离不开想象力，我相信激情背后有一种灵感，你作
　　　　品中马的形象就是激情所掩映的灵感产物。在我看来，激情是
　　　　可以感受到的，而灵感却不可知、也难以捕捉到。可是激情与
　　　　灵感一旦出现，图像的符号与语境就开始在画面中产生互动，
　　　　马便获得了生命的活力。我想说的是，你用语境激活了原本静
　　　　止的视觉符号。

邱光平：我是一个充满激情的人，但是灵感却不是随时可以找到的。我
　　　　们要回到一个人对事物的敏感性上来讨论这个问题。同样是一
　　　　个事物或一个事件，在艺术家的眼里，就是他感受的一刹那。
　　　　比如说马，对我来说，那就是灵感的产物，就是马张开大嘴的
　　　　那么一瞬间，如何去表达？如何突破原有的形象进行深度挖掘
　　　　它？就是它张开大嘴的那一瞬间，灵感就来了，感觉找到一种
　　　　盼望已久的东西，特别兴奋，某一种东西一下子被激活了，于
　　　　是，很多东西跟随着即将爆发。

刘　淳：有些东西是很难说清楚的，但你必须能够捕捉到。

邱光平：是的，如果捕捉不到就等于什么也没有发生，这种灵感就不曾
　　　　存在过。就像我阅读张晓刚的书信，有一次看老照片，他突然
　　　　觉得如果用油画来画老照片，会是一种什么样的视觉效果呢？
　　　　我相信这是他的灵感，也就是说，他的灵感来了，他的上帝之
　　　　门打开了，就像找到了一把通道的钥匙一样特别兴奋。他要表

达的东西找到了一个特别准确的语言方式，我觉得灵感就是在那个时候迸发出来了。我希望有一天我能抓住灵光一现时的那个点。但凡成功的艺术家都是找到了这个点，其实灵感就是一闪而过，没有抓住等于失之交臂。当然，灵感是基于你的敏感程度，还有很复杂的因素，你要具备那种能力才能抓住它并驾驭它。

刘　淳：关键得抓住，不能擦肩而过。
邱光平：这是问题的关键。就像机遇一样。

刘　淳：这个话题挺不好谈的，其实很多艺术家几乎都有过相似的感觉，但结果和感受却有很大的差别。
邱光平：有句老话，叫机遇面前人人平等。灵敏度高的人，能嗅到能听到能看到也能感觉到；相反，就会是另外的结果，造成一生的平庸与默默无闻。

刘　淳：你的作品中关注的不仅是速度，还有力量。在画面的背后还隐藏着你的个人生活，那是一种挣扎和奋斗。其实它是你的人生经历。
邱光平：完全可以这么讲。其实，每个艺术家的创作与他的经历和记忆都是分不开的，也是一个无法绕开的东西，我的人生经历虽然没有那么悲剧化，但是画面中出现很多激烈的碰撞。在我看来，这是我的成长经历中个人的内心变化而不是现实，内心不停地在抗争在拼搏，后来就变成一种经验，通过画面将它传递出来。

刘　淳：曾经与人类生活紧密相联的许多事物，在当今的消费时代给人们带来巨大的恐慌，马为什么能成为艺术家创作的主要视觉符号，并且能够获得广泛好评。其实，在其背后依然是一种观念的转变，而这种转变符合了当代艺术对现实世界的重新发现和重新认识的可能。你觉得是这样吗?

邱光平: 马的形象可能观众接受起来比较容易,主要是跟传统有关系。马没有国界,没有中国的西方的概念,所以观赏和阅读会比较顺畅。我的作品无论是中国观众还是西方观众,一看就觉得这个动物非常熟悉,其实还是马本身所承载的东西留给人们的印象。我的马打破了传统意义上的一种熟知的审美习惯,一个张着大嘴的马头,就像印章一样不容分说地盖在那儿,能给观众留下非常强烈的印象,观众的视觉和内心一下子就被抓住了。从小画马,读研究生时画马,只是一种兴趣而已,当回过头来再看自己笔下的马时,我就觉得它是有价值的,而且还没画完,还有很多东西需要去进一步挖掘,继续研究与尝试性的探索。

刘 淳: 你的绘画有一股力量,它能将观众的目光牢牢拽住。我想知道这种力量从何而来?

邱光平: 首先,它肯定不是来自现实主义的宏大叙事,也不是来自表现主义的澎湃激情,更不是来自超现实主义的奇思妙想。应该说,他来自我对这个世界的理解和认识,来自我对现实社会的生存感受。

刘 淳: 我一直觉得,你好像一位心理分析专家,画笔触及人类生存的极端之处,同时将它毫不留情地揭示出来。无论观众是否愿意正视……

邱光平: 绘画的力量,来自存在的深度与心理的真实。与美丑无关,与善恶无关。

刘 淳: 通过你的作品,我们观察中国当代艺术的现状时会发现,今天的艺术是一种观念的图解化,在我看来这是中国当代艺术堕落的一面,而且非常普遍。艺术慢慢远离了感知,不再感悟有灵性的形象世界了,对此你如何看?

邱光平：其实，中国当代艺术发展到今天，堕落的东西肯定是有的，只是多与少的问题。包括我在内，也有那么一段时间作品几乎图解化了。但是你要让别人认可你，你就得有一个符号，或者是招牌。方力钧的《光头》、岳敏君的《大傻笑》、周春芽的《绿狗》、张晓刚的《大家庭》、王广义的《大批判》等等，都会在那么一段时间一直这样做的。为什么后面又有了变化……就像你刚才说了堕落之后肯定会反省。我觉得有时候会很难，你已经被别人认可的符号，很难使另外的作品让观众再认可你，好像是盖起了一个高楼，再把它拆倒重新再来一样。

刘　淳：不管艺术走向哪里，它还需要感知吗？

邱光平：有些东西是我们用眼睛看不到的，但我们却可以凭借手和身体去感知它们的存在；有些东西是我们无法用手和身体触摸到的，但我们可以用眼睛来感知它们的存在；有些东西我们无法用眼睛看到，但我们可以用耳朵来感知它们的存在；还有一些东西，我们的感官无法感觉，但我们可以通过仪器来感知它们的存在。感知不仅与艺术有关，与我们的生活和生存永远有关，与我们的精神高度永远有关。

刘　淳：这又是一个不好谈的问题，但它需要时间，也需要艺术家的自省和不断地调整。

邱光平：对，那是肯定的。还需要艺术家对世界的理解和认识，包括对艺术的理解和认识。

刘　淳：从某种意义上说，现当代艺术的发展只是一种机器的进步，它与现代化暗含的目标是一致的。所以，我想还是应该强调艺术为人生。

邱光平：这个问题平时思考的比较少，或者说很少。刚才我们讲到科技的进步带动了艺术的发展和变化，不能总是用一个概念或一个东西去解读和定义它，艺术已经变得非常复杂化了。但是不管科技怎么发达，艺术还是要回到本质的功能上去，抒发情绪也好，教化也好，批判也好，总有存在的理由。如果艺术真的是被异化或多元到做什么都是重复别人的，那么艺术就真的没有意义了。艺术为人生，这是老一代艺术家提出来的，今天很少有人提了，实际上它的本质是一样的。

刘　淳：在你看来，艺术的本质是什么？

邱光平：艺术的本质同样是一个非常难谈的问题。泛泛地说，艺术的本质就是自由，没有自由谈何创造？！在今天，艺术的本质依然是富有想象力和创造性的方式，也是生命中不可或缺的东西。

刘　淳：20世纪为解放人的想象力，现代艺术曾经做出过积极的贡献，但是当艺术变成一种以不断创新为目的的东西之后，更多的不是和艺术有关，而是与革命有关。

邱光平：你的这个说法我赞同。艺术解放之后要革命，那么革谁的命？以前艺术为宗教服务，为上层建筑服务。而现在艺术为自己服务，10个人就有10种想法。也许，有些东西已经不叫艺术了，但是叫不叫艺术又不是谁说了就算，我们怎么去定义它呢？最后就成了一个没有判断标准的东西。当代艺术就是一个新兴的产物，也是一个充满刺激的东西。从这个意义上说，革命，是当代艺术的首要任务，没有革命，当代艺术就没有继续存在的必要。

刘　淳：杜尚的贡献在于打破了艺术和生活的界限，这个界限没有了，什么都可以成为艺术。

邱光平：博伊斯说人人都是艺术家，艺术与非艺术的界限也没有了，这就是我们今天面临的问题。其实我们所接受的是中国的教育，我们内心有一个框架，或许它是一个模糊的概念，有些东西超出这个圈以外，也许我们就无法从价值上判断它，或者没有把它认定为是艺术。你又不能去左右别人，特别是跟行为有关的东西，难道它就不是艺术？但是这些人又造成了一些事件，又引起公众的关注和争论，又被理论家写到艺术史中去，你说它是不是艺术呢？

刘　淳：你是如何理解今天的艺术的？
邱光平：今天，包括我自己在内，你在一定的范围内做你自己感兴趣的事情就行了，超越这个范围你是没有任何办法左右的。广一点说，人人都是艺术家是大艺术的概念。小一点说，我就在架上绘画上做文章。所以今天怎么去定义艺术？其实是一个无法弄清楚的问题，艺术的意义和性质今天都在发生着变化，没有固定的定义。无论是艺术家还是批评家都面临着这样的问题，但是，好作品大家还是能够感觉到的，那是智慧的结晶。

刘　淳：今天，人们终于发现自己的理性并不能解决世界上的许多事情。其实动物和人类一样，正在发生着巨大而深刻的变化。
邱光平：这种变化肯定是有的，我相信还会很大。对于其他动物我没有研究，但是对马这种动物我做过很深的研究。马跟人类的关系太密切了，科技的进步和人类的文明使人更舒坦、更自在了，而马作为一个动物来说，它的命运反而更悲惨，更悲剧化了。

刘　淳：具体点说……
邱光平：我有一种感觉，马这个动物种类慢慢会灭绝。

刘　淳：为什么？
邱光平：很简单，它对社会的功能和作用消失了。

刘　淳：被现代化代替了。
邱光平：是的。人类社会的发展和进步，取代了马的功能和作用，所以它就会消失。换句话说，凡是对人类没有什么实际作用的动物，在人类社会都会逐渐消失，这是一个生存法则。中国有一个成语叫"兵强马壮",说的是兵力强盛,马匹肥壮,但这都是人为的训练和喂养的结果。

刘　淳:在你看来,过去马只是一个交通工具而已?

邱光平:过去有马背上的权力、马背上的帝国、马背上的民族之说。一旦科技发达,这一切就会发生改变。这个国家权力的象征就不再是马的多少或是否肥壮,甚至会成为一种负担。你看,现在部队里的骑兵早已消失了。

刘　淳:难道一点用都没有了。

邱光平:谁还骑马去打仗呢?马的悲剧性就在这里。它对人类做出那么大的贡献,今天它只是在一些养马场作为游客观赏或骑行的对象,可能竞技体育中还有一些。现在草原上放牛放羊都骑摩托车,草原上都很少有马了。以马的宿命感思考人,人也会像马一样,我们今天看待和认识人类,好像在社会中还存在价值,但是有一天,机器会代替人的。

刘　淳:问题是,高科技也是人开发的呀,与人有着千丝万缕的联系呀。

邱光平:这个没问题,我笔下的马,其实是在隐喻着人类的命运,今天马的命运,也许就是明天人的归宿。

刘　淳:给人类的生存提出一个警示。

邱光平:是的。所以只能用马作为参照物,隐喻着人类的未来。

刘　淳:那些嘶喊奔跑的马意味着工业和技术文明之后人类将遭受的巨大报复和难以逃脱　的巨大灾难。

邱光平:这是接着上一个问题谈的,我的作品中有很多奔跑、撕裂、躁动和不安的感觉,所有的情绪都是面对当下社会的。今天的社会有很多的现实问题,人与人之间的信任在丧失,人的道德底

马背上的灵魂 布面油画 160×200cm 2008

马背上的灵魂 手稿 纸本色粉 55×75cm 2008

英雄远去1 布面油画 110×300cm 2009

红尘 布面油画 200×400cm 2010

线也在丧失。贪欲、贪婪和整个社会环境以及种种问题……每天打开手机，各种新闻扑面而来，车祸、水灾、泥石流、传染病、凶杀、盗窃、贪污腐败等等，这些东西会不停地充斥着你，作为一个有良知的艺术家谁会无动于衷呢？！所以看到这种负面信息，特别是对于生存状况和危机、空气、食物还有卫生等你都不敢想象，每每想来，完全处在一种恐惧甚至即将崩溃的状态中。哪里还有什么幸福感！我们最基本的生存都遭受到最严重的威胁，你还有心思干什么？！为什么100年前没有人画过这类作品，这样的作品为什么在当下产生，因为它是我们这个时代最直接的痕迹。作为艺术家，我们必须面对！

刘　淳：今天。现代化的生活方式打破了传统社会那种田园牧歌式的生活方式，但是。大规模的工业化开采和生产使资源遭到严重的破坏。所以人们就会呈现出一种不安、彷徨、恐慌、困惑和绝望等。这就是你的马要传递给观众的信息……

邱光平：对，我们曾经憧憬的那种世外桃源的生活被彻底的破坏了，这个时候，从心底有一种想怒吼、想惊叫的声音，这就是马的造型源头了。很多观众会有共鸣，而且会很强烈。如果通过传播平台，让更多的人关注到这种情绪，而且有一些触动的话，我想这些作品就变得有些意义了。

刘　淳：它更像一个现代寓言，折射的正是我们今天人类在精神上的挣扎与绝望中的呼喊。

邱光平：我更愿意把它叫作中国式惊叫。挪威国宝级画家蒙克的《呐喊》很直接，而我相对来讲比较含蓄，借用马的身体。

刘　淳：所以，你给马找到了一个非常合理的精神支点，迫使观众打破习惯性思维，反思现代人的精神处境。这是你的智慧，也是你的高度。

邱光平：这是一个漫长的寻找过程，也许找到了，也许还在路上。

刘　淳：你觉得真实与虚拟之间的区别重要吗？

邱光平：要看在什么角度、什么语境中谈问题。

刘　淳：你觉得人生的常态是什么？

邱光平：常态是一种自由和松弛的状态，是人的正常状态。六神无主，怅然若失甚至不知所措就是人的常态。

刘　淳：当年，杜尚把小便器搬到展厅去，取消了艺术与非艺术的界线，艺术获得了彻底的解放。在今天的语境下，艺术究竟是什么？

邱光平：艺术是什么？艺术就是一种生活方式，成为我们生活中重要的话题，如果真是这样的话，艺术的自由度就更宽阔了。每一个人都有自己的艺术，每一个人都有权利去寻找他自己喜欢并欣赏的艺术，这种情况真的是越来越凸显出来。一个普通的装修工人也有自己的艺术。从大的范围和视角来看，艺术就是为现实社会凸显它的功能性，除此之外还有一个最原始的审美。一旦公众用艺术的眼光来看待很多事物，那才是一种整体的提高，艺术在当下就是一个社会发展与进步的标志。今天，为什么大众对艺术这个词这般敏感？说明中国社会在不断进步，不断发展，百姓的生活水平也在不断地提高。

刘　淳：你的作品已经让观众获得了一种苏醒和解放，我觉得这也是一种力量。

邱光平：我听到最多的词汇就是视觉冲击力。

刘　淳：视觉冲击力就是视觉的力量啊。这是一种精神上的力量。

邱光平：第一感受是冲击力，然后就是生命力。冲击力和生命力这两个词语，一个是视觉经验上的，一个是内心的。当然与精神上有直接的关系。

刘　淳：冲击力不一定能让人觉醒，让人觉醒的东西一定是有冲击力的。

邱光平：对。很多人在看我的作品时，也提出很多疑问，就像你刚才讲的那样。视觉冲击力能给人以视觉的震撼和精神的鼓舞，我的作品所画的那些东西并不是我生活的本身，而是我思考的问题本身。喜欢我作品的人很奇怪，大部分恰恰是性格内向的人，而且女性的比例还占了很大一部分。

刘　淳：女性？为什么？

邱光平：这也是我一直在思考的问题。那些看起来很内秀、很文静的女人为什么会喜欢这种爆炸式的图像呢？我也很纳闷。

刘　淳：你就没有想过吗？

邱光平：想过，很认真地想过。我觉得是因为她们外表看起来文静，但内心却非常压抑，或者说精神的压力远远大于外表的平静，所以需要一个释放口。我的作品就是她们需要释放的一个缺口，当她们看到我的作品，内心埋藏和积压的东西一下子就被迸发出来。换句话说，我的作品和她们的内心世界产生某种对接，让她们通过视觉感受到精神的一种平衡。

刘　淳：所以我一直在想，工业文明给这个世界带来了不堪的恶果，人们没有珍惜，没有记忆，没有投入，没有勇气，更没有激情。将来会怎样？

邱光平：没错，它产生的后果就是这样。是的，有些人觉得这就是一场科学技术革命，不错，革命一定会发生变化，人类与自然就会遭到破坏。这是我们一定要面对的。我的作品就有一种鲜明的批判态度，问题是我们的批判或者是谴责有作用吗。社会不可能停滞不前，我们更不可能再回到农耕时代……

刘　淳：这是一个无法回避但又不能解决的矛盾。

邱光平：确实是一个无法解决的矛盾。其实就是一种对抗，人类社会处于一种竞争的机制，如果你不进步就会被淘汰。谁掌握科技越多，所拥有的话语权就越多，人类不遗余力的飞速发展完全证实了这一点，我的作品中有这种焦虑。在我看来，发展得越快，距离终点就越近，那个终点就是人类命运终极的归宿。

刘　淳：艺术只能提出问题、表现问题但不能解决问题。

邱光平：数字时代之后，人变得既麻木又粗糙，这是一件非常可怕的事情。人的创造力和激情慢慢就消失了。我未来还有一个《天堂山水》系列作品，一个美好世界的名字。但事实上是很残酷和凄惨的，那是世界末日即将爆发的一瞬间，那仅仅是我的想象而已。那是一个迸裂出来岩浆一样的世界……

刘　淳：也是对世界未来命运的担忧？

邱光平：正是这样。其实我的《天堂系列》都是围绕着对世界未来的担忧而展开的。

刘　淳：所以说，我们今天处在一个物质发达、精神萎缩的时代，这也是一个事实，所有的一切都在被消费。那么你认为艺术在今天还有什么用吗？

邱光平：这是一个事实。但是任何事物都有一个物极必反的规律，比如说今天一切都被消费的同时，我们大家在物质生活满足的情况下，精神世界会变得非常空虚，精神萎缩之后一定还需要其他的东西来填补，于是对艺术和文化就有了一种新的渴望。我们今天为什么还在谈论艺术？就是因为有这种诉求。因为艺术还可以在人们精神萎缩或者空虚的状态下能够给他们填补。不管物质如何发达，艺术依然有它不可代替的重要位置。也许这就是艺术所谓的"用处"吧。

刘　淳：从当代艺术的层面上来说，今天的艺术是一种智力游戏，它究

天堂山水8 布面油画 100×50cm 2013

竟能给后人留下什么？

邱光平：当代艺术在今天被这么多的人追捧，参与到这个游戏中的人很多，而且每一个人的目的都是不一样的。游戏的制造者和参与者，都在这中间发挥着各自的才能。有的人是为了金钱，有的人是为了创造，有的人想获得流芳千古的美名。至于在未来能给后人留下什么？有可能留下一堆笑话，留下一堆废品。除此之外，我看不到任何别的什么东西了。

刘　淳：难道没有一点时代的痕迹吗？

邱光平：当然有。改革开放30多年来中国当代艺术已经有很多的故事了，这些故事就是时代的痕迹。但它终究还是艺术，而且还是好的艺术。但这个好由谁来判断。今天卖出一个天价，明天就一定进入艺术史了吗？！所以还需要很长一段时间来沉淀和过滤。当然，我对这个当代艺术的未来依然充满信心。

刘　淳：在我看来，当代艺术在今天更多反映出一种艺术家素质的低下，这一点与时代文化密切相关，也与时间关系非常密切，我们所看到的是急功近利和多快好省。

邱光平：这是一个大环境所造成的，也是利益驱使。今天中国当代艺术的这种环境，可以直接通过艺术牟利了。以前的艺术家根本没有想过可以通过艺术去赚钱，他们只是从内心喜欢艺术。而今天却是夹杂着各种各样的因素和动机，想尽快成名甚至大笔捞钱。我们看北京的798现象和宋庄现象，急功近利就是一件非常自然的事情了。你所说的素质低下，因为各种人都进来了，所以就会鱼龙混杂，就会泥沙俱下。我相信时间会沉淀一切，一定会有好的艺术家出现，一定会有好的作品产生。这才会给时代留下痕迹。

刘　淳：其实，你的作品从来就没有离开过对社会和现实问题的揭示和质疑，无论你画什么，都有一种对人类内心世界精神与信仰的追求，尤其对物欲的反叛和抵抗。

邱光平：这是我作品的一个特质，如果我的作品离开了你刚才说的这些东西，那我已经停止思考了，我就会成为行尸走肉了。所以我的作品中真正要承载的，还是关注现实，关注社会问题。我还算是一个有责任感的艺术家，愿意用我的方式去承担一些责任。今天的艺术家除了自己的小情趣之外，还有一点社会责任感是一件非常愉快的事情，不一定非要在现实生活中去做慈善，在作品中实现自己的理想和愿望，观众一看就知道作品在承载着一种对社会的关怀与担忧，我会一直沿着这条路走下去的。

刘　淳：你认为当代艺术在今天是一个什么现状？

邱光平：有好的，也有不好的，不好的就是无效的，还有一些哗众取宠的。总之，在泥沙俱下的当今，当代艺术在中国是一个智慧与非智慧的大混杂。

刘　淳：从当代艺术的形态上看，你是一位具有悲剧感的艺术家，苦难、毁灭、悲剧与拯救等等，成为你创作的主题。我想知道这种悲剧意识是怎样形成的？

邱光平：其实我这个人挺喜欢悲的东西。在我看来，悲的东西容易让人记忆，那是永远忘不掉甚至是刻骨铭心的。与悲对应的是喜，悲剧是相对喜剧而存在的，喜剧大家开怀一笑就过去了，无论文学还是艺术，悲剧是可以传世的。我小时候在乡下被别人瞧不起，读书时因家庭条件无法满足最基本的要求，于是就有了悲的东西一直伴随着我。后来到了社会的大环境中，感觉到自己的身份是何等的渺小，再后来我发现，我的作品中那种悲的东西是我一直想保留的一部分。其实，作为一个男人，我已经很多年不知道哭的滋味了，很多时候，哭往往是醉酒后，那是人最真实的流露。也就是说，悲的东西是需要释放出来的，并不是说我就是悲剧人物我才去表现悲惨，不是这样的。

刘　淳：悲剧，就是你遭遇到苦难时所表现出来的求生欲望，显示出一种超常的抗争意识和坚毅的行动意志。悲催则是一种不称意、不顺心和伤心失败的综合状态。

邱光平：所以，那种悲剧性的东西已经深深蕴藏在我的生命中，它会随着我的作品的变化而不断流淌出来。

刘　淳：纵观你的作品，一路走来充满了理性的思索，也流露出野性的张扬。在我看来，那是一种野性的觉醒和生命的复苏，洋溢着你生命的气质和真诚的品质。与经受过学院派训练是完全不同的结果。作为一名大学教授，你如何教育学生？如何面对今天的教育体制？

邱光平：感谢你的高度评价。在我看来，创作与教学是分开的。我在这些年的教学实践中也遇到过很有才华的学生，我对他们的影响还是带有那种榜样式的。但在教学实践中，我更多的是给他们充分的自由。所以我的教学非常开放，我的学生经常到我的工作室来，私下聊天比课堂传授要多得多。但是，我不希望我的学生都成为艺术家，我认为能成为艺术家的，我会帮助他们去朝某一个方向努力，我也会用我的平台给他们提供机会。真正的艺术教育应该是开放的和自由的。因为，我懂得艺术最终不是教出来的。

刘　淳：你和学生是一种怎样的关系？

邱光平：师徒性的。

刘　淳：为什么是师徒性的？

邱光平：我也收了一些私人弟子，能保持很大程度的自由，这一点是任何学校做不到的。就像我的老师程丛林对我讲的那样，我只是在背后轻轻推了你一把，至于你未来的方向会走向哪里，全靠你自己。我对我的学生这样讲，人生多一些经历总比没有经历要丰富。我鼓励学生们去体验，要想成为艺术家，首先就是去体验，课堂上的那些东西不再生效了，画得再好也不生效了，特别在今天当代艺术大的语境中，除了自己在语言上的探索以外，你必须在这个大染缸里面染一下，你要适应这个环境才能去做事情，虽说这个环境不太好，但也不是那么坏。所以我经常跟学生讲，虽然这是一个大染缸，但整个中国社会就是一个素材库，你钻进去认真去探索并发现吧。

刘　淳：我始终认为，在当代艺术与学院教育的关系上，希望它们不是对立的、矛盾的。而应该看做是一个共生的东西，是一个有血有肉、有学问有精神的人物组成的知识共同体。

邱光平：这一点讲得好，我非常赞同。首先我们必须承认，当代艺术不是学院教出来的，但是我们在学校时能给学生提供一些知识并开阔他们的视野，对他们在未来的选择是有益的。

刘　淳：我们抛开一切理论和哲学等因素回到艺术本身，我觉得你是一个非常执着而认真的艺术家，今天这样的人似乎不多。

邱光平：在我的身边，经常会聚集一拨拨的人来讨论艺术，这些人还是那么较真儿地谈论艺术、讨论生活。那么，我首先是一个较真的人，于是这个圈子的人多数也是这样。很多艺术家的作品能够换钱时，他就会发生变化，那是一种悄无声息的改变。我还是愿意与真诚对待艺术的人成为朋友，因为相互之间会有一个默契，这就是一种鼓励，搀扶着一起往前走。有这种力量在里面，每个人都会有信心，保留那份真诚和感动，就可以了。

第八部分

那么就最后一次拨响吧，向这依托了一生的土地屈膝致礼。然后走进静穆的长夜。

——野夫

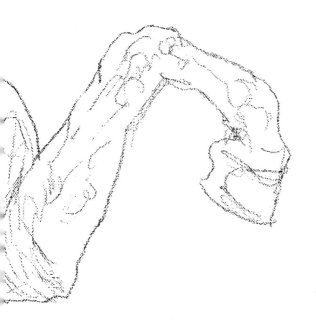

刘　淳：我想知道艺术在你的日常生活和活动中占有什么样的位置？

邱光平：艺术已经成为我生活中非常重要的以及不可分割的一部分。

刘　淳：艺术是不是你表达整个天赋的一种工具？

邱光平：我觉得我是一个没有艺术天赋的人。有天赋的人总是有他神奇的一面，而艺术与生俱来的那种神奇的东西，在我身上还没有被发现，我身边也没有发现这种艺术家。天赋真正展现在后期的创作上，还不是早期的某种东西。所谓的后期，就是你还有没有后劲，有没有潜力，针对这些方面来说，我的潜力还是很大的。

刘　淳：你是什么时候开始意识到要走自己的路？

邱光平：这个问题很好。走自己的路，对任何一个艺术家的创作来说，都是非常重要的。我明确的选择应该是在研究生毕业时，那时候我就开始很自由地创作了，而且是没有任何的束缚。我告诫自己，一定要坚持自己的内心，走一条属于自己的艺术之路。这其中，信心和信念非常重要。时至今天，我依然在坚定地走属于自己的艺术之路。而且将来也不会改变。

刘　淳：下一步的你的工作计划是什么？

邱光平：前面说到苏州园林，我最后要对中国园林式的传统文化做一个呈现，就是被燃烧之后的灰烬。西藏之行的"转转转"，呈现过程有三个部分，一个是我的关于马的题材，我还要继续做；第二就是关于西藏高原和沿海城市的对应，这是作品的一个部分；另外是秃鹫，关于人的生命与灵魂的作品。最后是天堂山水，这几个部分怎么样把它弄成一个展览，需要花很长时间。

刘　淳：1949 年之后中国是一个没有宗教信仰的国家，即使有也是让人获得现世的圆满为标准的。

邱光平：宗教是一个敏感的词。我小时候家庭教育中就有祭天，遇到什么节气会祭拜天地和祭拜祖先，这是家庭生活和习俗中的一部分，小时候以为这就是信仰。长大以后变得很理性了，长大之后回头一看，我们哪里有信仰。像基督教这样的宗教是有章程的，比如《圣经》，还有严格的程序和仪式感。我们的信仰是什么？所以，一个没有宗教信仰的国家挺可怕的。

刘　淳：是的。而且还是很危险的。

邱光平：如果西藏没有宗教信仰，他们对来生的期盼，将是一种什么状况？

刘　淳：西藏人的精神支撑完全依靠信仰。

邱光平：今天很多人成为佛教徒，其实是伪佛教徒。你看中国的寺庙，已经完全变成了商业环境，非常商业化的场所。作为一个有知识背景的人你怎么去相信呢！还有很多活佛穿梭于城市之间，穿梭于灯红酒绿之中，这是一个奇特的社会现象。究竟是我们彻底失去了信仰，还是商业毁掉了信仰。

刘　淳：今天这个时代，是一个人生观、价值观和世界观彻底沦丧的时代。这一切是不是因为缺少信仰而导致的？

邱光平：我不敢保证一定是因为没有信仰，但是我们所面对的现实社会，特别是年轻人，他们的人生观、价值观和世界观跟我们完全不同。我觉得没那么悲观。我们都在谈论80后、90后如何如何，我们总是对他们失望，甚至直言他们没有前辈那么优秀了等等。我不这么看，我反而觉得90后是在多种文化的教育环境中成长起来的新一代人。我们不能片面地看待这个社会和看待他们，至少我认为90后还是比较新潮，他们对互联网时代的理解和社会结构的理解，远远超过了我们。

刘　淳：我同意你的看法。也许，人家看我们50后一代人，才是最落后、最保守的一代人。

"转转转——邱光平千山万水艺术项目"海报

"转转转——邱光平千山万水艺术项目"发布会现场，邱光平发言

转转转——邱光平千山万水艺术项目

转转转——邱光平千山万水艺术项目

《我是一片云》
时间：2014 年 6 月 1 日 18 点 06 分至 18 点 25 分点
地点：纳木错
海拔：4718 米

《守望信仰》
时间：2014 年 6 月 1 日 15 点 10 分至 14 点 10 分
地点：纳木错
海拔：4718 米

《面壁》
时间：2014 年 5 月 24 日 16 点 35 分至 17 点
地点：纳木错
海拔：4718 米

《棒打垃圾》
时间：2014 年 5 月 24 日 13 点 5 分至 13 点 25 分
地点：然乌湖
海拔：3850 米

《逆风者》
时间：2014 年 6 月 4 日 20 点 40 分至 21 点
地点：日喀则距帕阳镇 20 公里
温度：10 度，风力极强
海拔：4800 米

邱光平：也许是这样。

刘　淳：所以只能说，我们的人生观、世界观和价值观跟他们不一样而已。

邱光平：他们有信仰，有的信仰基督教，有的信仰佛教，不是没有。我倒是觉得80后已经过去了，中国的未来和希望应该在90后那些人中。特别是关于艺术，年轻人的想法跟我们完全不一样。他们的价值观，他们的经历和我们根本不一样，也许，今天来谈论他们，我们是没有发言权的。

刘　淳：西安有一个年轻艺术家叫侯拙吾，水墨画家，画得非常好，对传统有深刻的理解和认识。他曾多次去过西藏，有时候一个人深入无人区，每次都走很长的时间。他希望在大自然中思考生命的终极意义，因为当大自然把你逼到绝境、压迫到绝境时，你才想到如何跟它对抗，这就是你的精神，你用你的精神对抗这个世界，哪怕是一瞬间的意义。这是他在自然中最想体会和最想追索的。

邱光平：侯拙吾这个人我认识，他的作品我没有见过，但是我能够感受到他作品中大自然的空灵以及博大的气场。我可能跟他有共通的东西，他去过那么多次西藏，感受可能更深一些。
我还是对人更感兴趣，对人的内心更感兴趣。因为水墨那种方式可能表达更多的还是场域和气场，而我想通过我描绘的人物内心，来展现不同地域、不同文化的差异性。我去西藏的次数比较少，也可能以后去的次数多了，我会对人和自然的关系进行关注和深入了解，但今天我谈论的还是西藏人的内心和大都市人内心的对照关系，缺少任何东西都不是我感兴趣的。如果仅仅是画西藏人，那就太没意义了。如果把两个东西串在一起，可能在中国美术史里还没有，所以这个事情值得做。

刘　淳：艺术和人是分不开的，所以想请你谈谈刚到四川美院时，是一种怎样的状态?

邱光平:考上美术学院是所有学画孩子的向往,刚进去时都很兴奋,看见什么都好奇、都新鲜。

刘　淳:你从四川自贡荣县一个小山村到了重庆这样一个繁华的城市,又走进了四川美院,面对一种正规的学院式教育,你又是一种怎样的状态?

邱光平:有点失落,提不起精神来。一是没考上本科,二是在进入大学之前我又复读了一段时间,我想来年重新考本科。但那时候如果你被学校录取了又不去的话,那就要隔一年才能参加高考,跟现在不一样的。我复习了一周之后,老师告诉我说已经拿到了录取通知书,你必须去读,不然要等到后年才可以参加考试。

刘　淳:那时候读专科有什么优惠条件吗?

邱光平:那时候我突然觉得自己跟本科无缘了,所以就硬着头皮去读专科。因为专科要多交费,可能是一年三千多块钱。你想对我这样的人来说,家庭条件差,压力非常大。我走的时候家里把粮食几乎卖完了,去学校报到是我大哥送我去的,交学费时还差了七八百块钱,其他的杂费之类跟通知书上写的完全不一样,所以特别失落。从军训一个月到专业课开始,那段时间特别沮丧,甚至跟我想象的大学完全不一样。开始是军训,还没感受到艺术的气息。后来熟悉了环境慢慢好一些了,生活习惯也慢慢适应了,同学之间的关系也慢慢建立起来了。这时整个感觉才发生了一些转变。

刘　淳:进入基础课训练,一切变得非常正规了。

邱光平:没错。一上来就是大型石膏像,正规的训练,那时候就来感觉了,因为它和之前我所学的画小静物什么的完全不一样。同学之间的水平也不一样,班上考了五六年的很多,我们专科班的水平比本科都高，都是老油条，有名的老考生。所以我在这样的环境中就有了竞争力，对我来说，竞争力就是动力。所以就强迫自己一定要画好，一定要超过所有的人。

刘　淳：我知道，农村来的孩子特别能吃苦，他们知道自己的不易。

邱光平：第一年在专业上下了很大的功夫，我还记得大卫石膏像是在第一年的第二学期画的。那是1995年夏天，重庆非常热，大概有四十几度的高温，整个重庆高校全部放假，但我没有回家。我记得晚上我们几个同学就在教室里住，一桶水倒在地面上一会儿就干了。白天画石膏像，晚上铺个凉席睡在地上。我的石膏像完成之后是班上的最高分，给了我十足的信心，也给了我极大的精神支撑。

刘　淳：这种鼓励对于一个农村孩子来说非常重要，那么你如何面对生活？

邱光平：在生活上，我做点零工，比如去做家教，帮别人背东西、送东西什么的。生活费是一定需要自己去挣，家里每个月会给寄最多200块钱，一般只给150块钱，我很清楚家里面已经非常困难了，每个月要给你攒够生活费，对父母来说是一件非常头疼的事情，压力非常大，村里面亲戚朋友的钱都借遍了，都不好意思再去了。在那样一种环境中有一点自卑感，表面上大家吃吃喝喝，但是我心里非常清楚。今天我还清楚地记得，大学一年级时，真的是有两天没吃饭。

刘　淳：没钱吃饭了？

邱光平：真的是没钱吃饭了，一心一意在等家里的汇款。

刘　淳：到了山穷水尽的地步了……

邱光平：一分钱都没有了。你是无法感受一分钱都没有是什么滋味的。

刘　淳：那么两天没吃东西是一种什么感觉呢？

邱光平：我走路时眼睛就盯着路上，渴望捡到钱，还真的就被我捡到了。那时真是饿晕了，走路时两只眼睛就盯着地上，突然在土里看到五毛钱，上去就抠出来，拿到钱就狂奔，冲到菜市场就买了五毛钱一个的烧饼，三口两口吞掉了。

刘　淳：为什么不跟班上的同学借点饭票呢？

邱光平：当时班上的同学都不知道我的情况。但我就是不愿意讲，更不愿意去借。可能很多农村来的大学生都有这种状况。你说我向同学借一点，其实不用你借，你吃不起饭同学可以养你一两个月是没有问题的，但是我不愿意。可能这是我骨子里的硬气。我觉得这种硬气在我后来的人生经历中起到非常大的作用。如果当时我伸手的话，后来遇到很多困难就会放弃了，容易伸手就容易放弃。

刘　淳：说得好，容易伸手就容易放弃。在那种经济压力下，有没有一种恐慌感？

邱光平：当时对艺术还没有多么远大的理想，我活下去都成问题，还怎么做艺术呢？！所以整个大学两年，我想的最多的就是早点毕业，早点去工作。人有时候就是穷怕了，饿怕了，饥饿与贫困真的让人很恐慌，也容易让人感到绝望。所以我只想尽早改善那种窘迫的境况。所以说当时艺术离我还非常遥远，心思不在那上面。

刘　淳：面对生存的窘境，还有心思去思考艺术、面对艺术吗？

邱光平：我的毕业创作跟饥饿和恐慌有关系。后来的作品里流露出的恐慌、纠结和矛盾，都是源自于在美院时候的种种遭遇。我读小学、初中时，在老家没有那种感觉，一点都没有，更多的是童年的那种快乐。但是到了大学，见世面也多了，人逐渐在成熟，想的问题也多了，你离开了家，离开了父母的庇护，一个人在外面真的有一种无家可归的感觉。那种感觉至今依然留在我的心灵深处。后来就想通过作品将其释放出来。

刘　淳：一个农村的孩子在外面是很不容易的，但是，恰恰是这种生活锤炼了你。

邱光平：我一直在想，为什么这些东西在我后来的创作中会不停地闪现。我现在做梦还会梦到在美院的那种生活，而且总是梦到饿肚子的情景，可能这是我一生都不会忘记的事情。1994年、1995年的时候，大家的生活水平都好转了，但是作为一个农村的孩子，我还是非常困难。就是因为这种困难，让我开始懂得了谋生，那是一种求生的本能，后来适应环境的能力就非常强了。可以说把我扔到任何一个地方我都能活下来，我的生命力会比一般人强大。

刘　淳：人是有进取心的，不能总是一次次的挨饿。靠人怜悯，只能证明自己是懦夫。通过一次挨饿，是不是决心一定要改变自己的生存条件？

邱光平：是的。当时我想的是，必须改变自己的生存条件。

刘　淳：四川美院的学术氛围没有给你留下什么印象深刻的东西吗？

邱光平：上了二年级之后很快就面临毕业了，其实，四川美院两年的学习和生活对我今天是一种模糊的概念，我不会清晰记得某某老师对我有多大的影响，也不记得谁谁的作品对我有多大的冲击力，没有，根本没有！所有关于艺术或学术氛围的故事，都是我工作之后再次回到学校开始的。

刘　淳：再次返回学校？

邱光平：前面说过，由于家庭的经济原因，最开始那两年我确实没有想过我要当艺术家，也没有关于艺术的理想和愿望。当我毕业出去工作了三年之后，又重新回到四川美院进修，这一次，对艺

术的感觉，以及对艺术的追求开始有所建立，换句话说，就是
要重新开始学习并思考艺术。现在依然清晰可现，这是最真实
的。

刘　淳：为什么在三年之后又产生了如此想法？

邱光平：读专科时，经济压力非常大，没有心思学习艺术，只想早些出
去挣钱养活自己和家里。后来在广东工作了三年之后，经济得
以翻身，经济上有了一定的积蓄。这时想的是重新开始将丢失
的东西补回来。

刘　淳：上学时你惦记家吗？

邱光平：开始比较惦记，后来慢慢就淡了。

刘　淳：为什么？

邱光平：可能是慢慢适应了环境，对这个社会和这个城市开始熟悉了。
第二个是对家的感觉变了。以前是依赖，情感上的依赖，经济
上的依赖。后来就觉得家变成一种思念，但是我很清楚地知道
它需要我去承担、去支撑。因为我知道，我的家已经给不了我
支撑了，尤其在经济上。

刘　淳：所以你必须独立。

邱光平：对。那会儿觉得恋家的孩子没有出息，你可以回去看父母，但
是不能再有依赖性。那时候我就觉得我的世界已经在外面了，
我再也回不去了。因为我见的那么多，出去之后不混出个人样
就别回来了，就是那种豪迈。现在想起也是属于英雄主义的视
死如归的感觉。我想我们那个时代大多数的70后农村出来的孩
子都有那种感觉。事实上我们70年代的人出来不管怎么样，几
乎都没有回去。怎么回去？社会需要这么多人，你在社会上无
论如何也能找到你的位置，只是后来发生了很多变化，我们班
上的同学到今天为止，只有我一个人做职业艺术家。

刘　淳：你们上学时不关注校园以外发生的事情吧？比如说中国当代艺术是一种什么样的形态？

邱光平：不是太关心，但还是知道一点。那时有《美术》杂志，老师也会介绍一些。但是对我来讲，做艺术家的事情我是不会去想的，其实，那时也没有去羡慕别人。也许，人家的未来就是这样。那时觉得出去做装修很好，挣钱快，挣钱多，技术相对比较简单。做艺术需要坚持，比如当年俸正杰读的本科是教育专业，后来又考上油画专业马一平的研究生，他属于那种根正苗红的，刚开始也没想过要当艺术家，考上研究生之后，思想开始发生转变，时间真的是可以改变一个人和他对世界的看法。今天再看四川美院，真正好的艺术家不一定是那时候我们所认为的那些人，真正成为艺术家的还是很少的。时隔二十年之后，当年那些艺术家的创作都没有灵魂了。

刘　淳：对于你来说，迫于经济上的压力，当年只想早些出去工作。

邱光平：毕业之后的那些经历如今历历在目，它对我后来的人生帮助太大了。如果没有那几年在外面闯荡的经历，可能我后来读研究生也没有那么自信。我班上很多同学都是本科毕业直接考上研究生的，他们就没有走出过学校，人生经历和感悟相对少一些。换句话说，作品感人的东西自然也少一些。

刘　淳：你读研究生是不是想有一个完整的艺术学习经历和较高的学历？

邱光平：可能有这种因素。我出去工作几年之后又去中央美院进修、去四川美院进修，这些行为意味着我想圆满，所谓的圆满就是弥补上没有学到的那些东西，弥补一些没有学到的经典。

刘　淳：对于你，那是一种缺失？

邱光平：也许每个专科生都有这种缺憾。后来真正考研究生时，我明明知道自己考不上的，为什么还要去？其实最大的动力还是我想成为程丛林的学生，真的想去拼一下。

刘　淳：抛开研究生不说，有没有对程丛林的个人崇拜？

邱光平：以前都是在书上、杂志上看到过他的作品，没见到过本人。成都第一届双年展上见到他的原作，也见到他本人。最主要的是我有一个师兄已经考上了他的研究生，平时经常跟我们讲程老师的故事，那时候已经非常崇拜了，就觉得他是神，能够在大师那里学习一段时间，是自己最大的愿望。不仅仅是为了弥补某些遗憾，是想成为他的学生。那就是我人生某个阶段的方向，或者说某种夙愿。

刘　淳：目标非常明确。

邱光平：我的性格属于冲动型的，有了想法就去行动。如果我是理性的人我就会分析，我的专业水平、文化课水平和英文水平，肯定是考不上的。但我这辈子在艺术上最大的动力就是源于这种冲动。正因为我做出了行动，可能是感动了上天，奇迹就出现了。

刘　淳：你大专毕业的创作画的是什么？

邱光平：画的是一个很纯洁的女孩，穿一身白色的连衣裙，一束光打在女孩头部，是一种获得希望的感觉。背景画的是日本人残杀中国人的场景，暗暗的，是一个非常悲惨的场景。可能跟当时的心情有关系，那种很污浊的环境中，一个很纯洁的女孩，还有蝴蝶在飞，作品的名字叫《蝴蝶梦》。其实那就是我的梦，我就是那只小小的蝴蝶，想飞出束缚、走出约束，从蚕茧变成一只即将远飞的蝴蝶。我今天的创作中依然有当时的影子。

刘　淳：研究生毕业创作又是什么？

邱光平：就是马的背影系列。

月光 布面油画 200×200cm 2004

2006 年邱光平研究生毕业答辩现场

刘　淳：背影？马屁股？

邱光平：是的。在四川大学美术馆展出时，中厅全部都是我的马屁股，那个系列作品隐约感觉到我开始找到马了，只是还没有明确而已。现在想想，毕业创作的时候那批作品显得很无奈，感觉实在没有办法再进行下去了。因为研究生三年时间有两年在研究这个题材，到最后简直是一种无路可走的感觉。

刘　淳：2007年对你来说是非常重要的一年，积压已久的创作激情在这一年如井喷一般爆发，而且还找到了一种挥洒自如的表达方式。

邱光平：可能是研究生刚刚毕业的原因，参加了一些大大小小的展览，比较兴奋。也可能是年龄刚好到了那个点，多年的生活经验需要找到一个突破口，而艺术创作正是最好的方式。那一年是比较勤奋的，也是马系列作品走向成熟的时期。有时候，人就像是打通了任督二脉，想做什么就能够得心应手。

刘　淳：其实，在每个人的内心深处，都有一种深刻的历史记忆，一旦与现实的某些具体事情碰撞，那些东西就会被调动出来。你的马，就是埋藏在你记忆深处的一个符号。

邱光平：是的。

刘　淳：在你看来，艺术可以表达任何思想吗？

邱光平：艺术是可以表达任何思想的，只是表达的够不够完整、够不够准确而已，这要在作品中慢慢体会。有时候艺术家已经释放了，但是观众不一定能够感受到，观众也有误读的时候。怎么样去把自己的想法准确呈现出来？这就是艺术家要做的工作。

刘　淳：体力对一个艺术家来说，是非常重要的。

邱光平：今天做当代艺术，特别像我这样的作品，没有好体力是不行的。幸好我以前是学体育的，所以体力没有问题。可能60岁以后就没有体力了，就收缩到小作品中。我的导师程丛林说过，他现在回过头去看30年前画的那批作品，无论是《1968年某月某日·雪》、《夏夜》或是《华工潮》等等，拼的就是体力。儿百个人的大场景，没有体力怎么得了。他说现在体力跟不上了，于是就特别怀念当年的勇气，那是一种胆识、豪情与魄力。

刘　淳：艺术创作跟年龄有很大的关系。

邱光平：所以我觉得今天有这种体力，有这种能量就先让它释放出来，不要等到老了再后悔就来不及了。

刘　淳：你的作品为什么有一种如此强烈的悲剧意识和宿命感？这种东西是怎么形成的？

邱光平：这应该是从生活经历带来的，但是，也可能是与生俱来的。像我小的时候没想过会做艺术，一直到30岁，才知道我是为艺术而生，这一生可能就以艺术为伴了，您说这是不是宿命？

刘　淳：从你的作品中看，你是一位坦诚而心胸开阔的人，我想知道马和秃鹫在你的作品中是如何形成的？

邱光平：关于马，是从小对我影响比较大的一个形象，后来读研究生时对它作了深入的研究，在我的心中它不再是马，而是成为艺术家表达内心的一个载体。我从2004年开始一直到2011年，七八年的时间一直在研究马，我是通过画马才被艺术圈知道的。2011年我去了甘孜州五明佛学院，就是川西高原藏区那一带，见到了修行人的真实状态，也见到了天葬的现场。这时候就有一个动物跳出来，它的气质感染了我，它就是秃鹫，就是后来被我命名为"天堂鸟"的秃鹫。秃鹫是一个很神奇也很神秘的动物，对现代都市人来说非常陌生，甚至说是一种凶猛的动物。它吃人的尸体，吃所有动物的尸体。这样一个动物在艺术家的眼里，充满了一种要表达的欲望。换句话说，我想借助秃鹫来说点事情。

刘　淳：对秃鹫也做过专门的研究吗？

邱光平：全世界的生物学家已经开始对它作研究了，从生物链的角度看
　　　　秃鹫，它就是自然界的清道夫，自然界动物的腐尸基本上被它
　　　　吃掉了。由于环境恶化和气候的变化，动物在逐渐减少，它们
　　　　的尸体也在减少，然而秃鹫的食量非常大，每天至少要吃一斤
　　　　腐肉才能维持生命，全世界秃鹫的数量也在急剧下降。有生物
　　　　学家预言，如果有一天秃鹫灭绝了，地球上很多地方就会发生
　　　　疾病，而且没有办法避免，人类将面临一次灾难。

刘　淳：你的作品最大的诱惑力就是将一些错综复杂的东西编织在一
　　　　起，有时候很难说清楚你到底要说什么？这才是最大的诱惑力
　　　　和魅力。

邱光平：这就是我内心的矛盾和纠结，我在画一件作品之前，肯定会想
　　　　要去表达什么，但是在创作的过程中又游离了，这个过程会掺
　　　　入很多想法进来，完成之后发现和你最初的想法完全不一样
　　　　了。或者你已经忘记之前的想法了，或者你不再满意之前的
　　　　想法了。每次画完之后我都会留有遗憾，每件作品都有这种情
　　　　绪，老想说点什么但又说不清楚，始终处在这种焦躁的状态
　　　　中。很多作品就是在这样一种矛盾的心态下完成的，但是，后
　　　　来再看时才会觉得有价值，也有意义。

刘　淳：没错，这才是中国当代艺术的特质。

邱光平：也许是这样的，其实很多优秀的艺术家，我们去解读他的作品
　　　　时，是要借助理论的支撑才能解读清楚。但是我恰恰觉得理论
　　　　家梳理清楚之后，好像作品的魅力反而减少了。

刘　淳：关键是，要有自己的主见和自己的判断力。

邱光平：这一点我非常赞同。

刘　淳：你的作品画面上没有描绘死亡，但却使人感受到一种死寂般的
　　　　场景，那是一种没有一丝生命气息的感觉……

邱光平：死亡促使人沉思，为人的一切思考提供了一个原生点。死亡促
　　　　使人超越生命的边界，寻找无限的精神价值。很多宗教都有关
　　　　于死亡的描述与定义，对我而言，描述死亡不是根本，更多的
　　　　是对生的意义的探讨。人只有在认知了死亡审美后，才能生发
　　　　出对生命的珍惜，对生灵的爱护。我画面里时时迸发出对生
　　　　的渴望，为什么要挣扎？为什么要呼喊？这其实是人的一种本
　　　　能。

刘　淳：在当今现代化的社会进程中，很多人处在一种挣扎的状态中，
　　　　我们看到的社会外形，只是一种机器的进步而已，人在现代化
　　　　的进程中成为被规定的机器。你的作品就是要摆脱这种被规
　　　　定、被约束、被捆绑的束缚，就是要在这里面挣脱出来。

邱光平：人在社会中只是一个很小的零件而已，今天的社会分工越来越
　　　　细致，人为什么会被机械化？因为你这个小零件发挥的作用必
　　　　须是按照应有的运转方式来进行，否则就会被淘汰。人在今天
　　　　社会中的自由度越来越小，至少你的身体的那部分是这样的，
　　　　你是被限制的。比如说你的手机随时会收到很多垃圾短信和骚
　　　　扰信息，你突然会觉得被一个无形的网给罩住了，于是很想挣
　　　　脱，甚至想不用手机了。
　　　　我们以前的社会有很大的自由空间，我们要去哪儿谁也不知
　　　　道。今天，你的任何痕迹都有人知道，这就是一种束缚和捆
　　　　绑。我的作品中更多的是想把这种束缚摆脱掉，我有一段时间
　　　　画了一批作品，就是一张大网，一层一层的网覆盖在画面上。

刘　淳：你还画过网的作品？

邱光平：这是2011年我做的一个尝试，画了10多幅，后来就不画了。

红尘 手稿 纸本色粉 50×110cm 2010

虎对马说 手稿 纸本色粉 75x55cm 2010

风在吼 手稿 纸本色粉 40×60cm 2007

《马放南山系列之二》

马放南山系列之二　手稿　纸本钢笔　30×20cm　2008

"马放南山"
200×300cm
邱光平 2008.7

马放南山　手稿　纸本炭笔　20×30cm　2008

风在吼2 手稿 纸本色粉 40×60cm 2007

偷猎者 手稿 纸本钢笔 20×30cm 2007

刘　淳：这个倒是很有意思。

邱光平：从技法上做了研究，后来觉得太直接了，而且不太符合我的表达方式。但是这个研究很有价值，至少我能够敏感捕捉到一种被束缚的感觉，一种被大网罩住的感觉。所以艺术家的内心永远是在思考社会的一些细微的问题，他的创作也会随着社会的变化做出调整，特别像我这种人，一定会去主动做出调整的。

刘　淳：所以说你的作品是一种关于人的欲望和灵魂的表达，尽管你画马画秃鹫，但那是对人的命运的终极追问。

邱光平：对人的命运的终极追问的问题主要体现在《天堂山水》系列作品中。这个作品是偶然的，也是出自于我在创作马的题材中心境的变化，我把炭火单独提炼出来……

刘　淳：哪一年？

邱光平：2011 到2013 年。

刘　淳：在哪里？

邱光平：成都郊区一个工厂里，厂房是那种脏兮兮、湿乎乎的感觉。正好我在画天葬的作品。那里的环境和特殊的味觉，让我在创作时产生一种特殊的感觉。

刘　淳：酒糟的味道？

邱光平：是的，就是酒糟的味道。有时候可以喝二两晕乎乎的再去画。有一次我们大家在吃饭，工人就从锅炉里把炭火倒出来，堆成一个小山。刚倒出来时炭火红彤彤的，过一会儿就灰白了，时不时看到灰白中有火星一闪一闪的，我赶紧拍照，大概拍了上千张图片，放到电脑中再看时，心中顿时开朗。这就是我一直想要的山水，当时特别兴奋，也许这就是灵感，这就是灵光。我现在已经找到了《天堂山水》的一些处理办法和表现手法。我心里明白，一定还有另外的东西要呈现出来。这次去西藏的阿里看到的山水，再跟以前的进行嫁接，感觉会完全不一样的。

刘　　淳：有时候，灵感就出现在一刹那间，但你必须抓住。

邱光平：广东美术馆收藏一件我的作品《空谷幽兰》，就是《天堂山水》中呈现出来的像国画一样的山水，但它是用西画的表现手法完成的。批评家陈孝信老师在研讨会上说："《天堂山水》颠覆了中国的传统山水，从古至今，中国山水发生了很大的演变，一直到邱光平这个地方才是一个亮点。"他说他做了那么多年的研究，从来没有见到过像我这样画中国山水的，他说这是一个宝藏，希望我继续深挖。陈老师给予很高的评价。

刘　　淳：这里面有一个问题，他说的是传统山水，而你还不是画山水，只是炭火的启示而想到了山水。

邱光平：对。

刘　　淳：传统山水的表现工具是笔墨纸砚，而你是用油画的工具和材料完成的，还是有本质的区别。

邱光平：当然，我还在研究的过程中，不能定论未来是什么形态。回到刚才的主题上，我倒觉得《天堂山水》可以把我所有的题材都装进去，马、秃鹫或其他动物也包括人。最后就是一堆灰烬，人类的命运何去何从。

刘　　淳：让人生出一种恐惧和绝望。

邱光平：就是绝望，所有的东西都在其中，所以我觉得《天堂山水》正是马、秃鹫之后的一个升级版，它更宽广，包罗的东西更多。在找到《天堂山水》之后，我意识到关于人类命运终极追问的载体更准确了。如果有人说马承载了一方面，我认为比较牵强，但是，《天堂山水》一下子就把这一切全部装进去了。

空谷幽兰 布面油画 200×100cm 2013（广东美术馆收藏）

刘　淳：你想没想过，用传统的笔墨纸砚来尝试完成《天堂山水》系列，
　　　　我倒希望你尝试一下。

邱光平：完全可以去尝试。我还有那种创作的生命力，还有那种追求变
　　　　化的精神和勇气，我会一直保持这种勇气的。只有不停地探
　　　　索，我的艺术生命力才会延续。

刘　淳：艺术在于发现，很多时候我们对熟悉的东西反而熟视无睹。

邱光平：对。我在创作的过程中不止一次有过这种兴奋，但是有些东西
　　　　通过思考之后就放弃了，精力的有限，时间的有限，只能从某
　　　　个方面慢慢地去做。

天堂山水5号 布面油画 100×50cm 2014

第九部分

四月最残忍，从死了的土地滋生丁香，混杂着回忆和欲望，让春雨挑动着呆钝的根。

——艾略特

刘　淳：通过你的这些带有哲学意义的思考和追问，最后又反射到我们
　　　　今天的现实生活中，不管是天堂鸟还是天堂山水，每个人都会
　　　　针对自己和社会现实，还有我们今天面临的文明困境进行反
　　　　思。

邱光平：这是很多人都在思考的一个问题，我的作品里也会有一些，困
　　　　境是必然的。社会发展到今天，有太多的问题，现实问题、文
　　　　化问题、生态问题、人本身的问题等等。我还是把自己定位为
　　　　关注现实的艺术家，艺术发展到今天，它所承载的问题和功
　　　　能，它还有没有用？这些都是我们今天要思考的。今天，要做
　　　　一个纯粹的艺术家其实很难，需要面对的实际问题很多，包括
　　　　生存问题。我们都曾有过远大的理想和抱负。但随着年龄的增
　　　　长，这个抱负越来越小。我以前想改善很多人，首先是家里
　　　　人，我要改善他们的生活品质，让他们过得好。我要在这个圈
　　　　子里面帮扶一些年轻人，或者去做慈善。实际上你不可能做得
　　　　到，你只能从一个艺术家，一个普通人做起。
　　　　现在对我最重要的是能够在作品中解决一点问题，让作品更有
　　　　意思，从而引起人们的共鸣。当代艺术之所以有魅力，就是在
　　　　突破的前提下寻找更大的自由空间，为观众提供了一种新的可
　　　　能性。

刘　淳：天堂曾经是你一个时期创作的主题，在你看来天堂究竟是什
　　　　么？

邱光平：天堂，在藏传佛教中就是极乐世界，是一个人对未来最美好的
　　　　幻想，那是一个理想主义的、乌托邦的世界。其实天堂是没有
　　　　的，如果有的话，那就是下地狱，我说的那个天堂其实很悲
　　　　观，没有极乐世界，有的只是现实。在当今，你活得如何自
　　　　在，全在个人的心境。我做的天堂展览中，有太多的作品是关
　　　　于死亡的，这就是一个悖论关系。2013 年9 月我在广东美术馆
　　　　的个展开幕那天，很多市民都进去看了，出来就疑惑，这哪里
　　　　是天堂呀？这个艺术家设定的天堂怎么这么焦躁，这么令人烦

恼，所以很多观众充满了不安的情绪。其实，在我看来，如果能提出这样的问题，我觉得这个展览的目的就达到了。

刘　淳：秃鹫也叫秃鹰和座山雕，是以吃腐肉为生的大型猛禽，强悍并凶猛。而你却将这种最凶猛的动物命名为"天堂鸟"，充满了一种浪漫的美好。再者，把烧焦了的山水命名为"天堂山水"，听起来特别美好，你是怎么想的？

邱光平：名字都是作品完成之后起的。等《天堂》这个展览的名字出来之后，我发现我的山水和动物，都可以以"天堂"命名。在我看来，"天堂鸟"本身也是人的灵魂，藏传佛教中说秃鹫是灵魂去往天堂的一个载体，把你的灵魂带向天堂，多美好啊。另外，信佛教的人对死亡是不恐惧的，我觉得这种信仰非常好，对死亡从不畏惧，然后坦然面对。我画的天堂和天堂鸟只是一种解释，只要你在这个社会中不做恶事，做一个好人，有一天，天堂鸟会把你带走。其实只是一种愿望。如果你不惧怕这个大鸟，那你就上了天堂。天堂其实并不是什么天堂，而是社会现实。

刘　淳：在完成了这批作品之后，你的创作面临着一种怎样的困惑？

邱光平：每个阶段都会有困惑，我的困惑其实蛮多。比如说作品所达到的高度或者是否平庸等等，这是一种担忧。主要是一个想法出来之后工作量很大，一般是三到五年为一项工作的时间段，时间跨度太长就会疲惫，兴奋度也会减弱，作品的表现力就会降低。如何让自己不断地兴奋，不停地刺激，这是我面对的问题和挑战。另外，艺术圈里的很多活动要去参加，你不能说不去。但是那么多作品等着你去完成，这就是一种矛盾。对一个艺术家来说，还是以作品为主。很多成功的艺术家要做方方面面的工作，而我的工作是谁也代替不了的，我的作品的每一个部分都得我自己亲自去完成。一个是时间，一个是兴奋度，这是我要调整的东西。

刘　淳：为什么不找个助手协助你做一些工作？

邱光平：我从来没有想过助手在我的画面上去弄来弄去的。不是不相信，画面上的东西是我内心最真实的流露，如果被别人代替了我就没用了。其他的文字、拍摄等工作助手可以参与进来，唯独画面上是绝对不允许的。在我看来，如果这个也被代替了，那我连艺术家都不是了。我活着的价值和意义也就没有了。

刘　淳：不管你画什么，我觉得你是一个具有古典情怀的艺术家。在我看来那就是没有分裂的完美，你现在的作品依然强调完美吗？

邱光平：这一点没错。其实我挺有古典情结的，在学习绘画的过程中，我对西方一些艺术大师特别有兴趣，也做过一些研究。在我读书时，就迷恋过庞茂琨老师的技法，后来发现，这东西不属于我。然后兴趣转移到表现主义上来，也做了一些研究。我对戈雅的作品特别敏感，特别有感觉，尤其是他的版画，充满着超强的想象力，他的作品对我的影响很大。德拉克洛瓦、弗洛依德和鲁本斯等，对我都产生很大的影响。

刘　淳：是的，不管你画什么，里面都洋溢着一种浪漫的气息。

邱光平：也有死亡的，有病态的。

刘　淳：我觉得死亡和病态也具有某种浪漫意味。

邱光平：从当代艺术的层面上说，一件作品在完成之后，会放射出许多信息，任何观众都会从自己的经历和阅历中找到与自己心灵接近的东西。

刘　淳：这一点是否受到西方大师的影响？

邱光平：的确是。很多大师的作品我都临摹过，而且画过很多。

刘　淳：什么时候临的？

邱光平：读研究生时画过，也研究过。我觉得鲁本斯的构图和造型以及那种画面感和视觉冲击力，是所有古典大师中最牛的。去年我去维也纳，参观一个博物馆，有一个大厅全部是鲁本斯的作品，我是第一次看到鲁本斯那巨大的油画作品，那种震撼是语言不能形容的。

刘　淳：你在广东那几年也临摹了大量的油画作品，那是带有研究性的，还是商品画的？

邱光平：我临摹的作品跟图片上的不一样，我加了很多自己的感觉和想法。

刘　淳：什么样的想法？

邱光平：比如肌理，我会研究肌理是怎么做的；或者一些色彩和色调，我认为它应该是这样的而不是图片那样的；油画本身的厚薄、笔触如何运用等等。那时候就想把每幅画认真画好，所以我在这方面下了很多的功夫。

刘　淳：当时也有一套方法和套路吧？

邱光平：有的，但那种套路已经全部忘了。今天画画时有意无意还是能流露出一点，比如古典绘画边缘线的处理，一些局部的处理，人的眼睛、眼角、鼻孔的处理。古典油画中的色彩还不是最重要的，线条才是最重要的，我们看安格尔的画，就是一个线条，所以我现在画的马和秃鹫，从某一个局部可以看到，就是古典的线。

刘　淳：后来为什么放弃了呢？

邱光平：如果用古典方法来画，它阻碍了我的表达。古典方法也很复杂，一层一层的罩染，要等它干，比较麻烦，所以我选择了一个直接的方法，画面最多画两遍，相当于反古典的。我现在画直接就是调色油，就像中国画书写一样，没法改，干了之后没法再去画了。所以作品一定不能干，一定要接上气息，假如耽搁一两个礼拜再画就废了。于我而言，最重要的是我找到了直接书写的方法之后，又获得了重生。

刘　淳：你的作品中马的奔腾、挣扎和嘶鸣其实就是人的真实写照，你是不是在借助马、秃鹫和稻草人等，来反思当下人的生存状态和精神境遇？

邱光平：主要还是从精神层面的。我们前面对稻草人谈论比较少，我的作品中的稻草人是纵火者，被抽空了肉身和灵魂，是一个没心没肺的载体。这个稻草人其实就是人本身，很多观众喜欢这类作品，很直接，玩火者必自焚。人类如果不警醒自我，肆意去破坏，去贪婪，可能有一天就把自己毁了。稻草人的语言表达很直接。

刘　淳：在寓意上，稻草人和马是一样的吗？

邱光平：稻草人和马是驾驭和被驾驭的关系。稻草人系列中有一件作品叫《大营救》，就是一群稻草人，前面一团火燃起来了，一群稻草人去拉。汶川地震之后，有一个事件触动了我，当时有两三百人在现场挖救人，忽然余震来了，又把这些人埋了进去。汶川地震震醒了中国人的良知，地震之后我觉得中国人还是蛮有良心的。但是后来人性又发生变化了，比如说在援建过程中又出现了贪污等不良现象。这些思考在我的作品中都会出现。

刘　淳：这同样是社会和现实问题。

邱光平：是的。还有一件作品叫《末班车》，一辆公交车里装满了马，整个车燃烧起来了。这是现实生活中我们身边发生的真实事情。成都有一辆公交车燃烧，烧死了30多人，惨不忍睹。我看了电视后我就想要做一件带有警示意味的作品。于是，那次事件的两年之后我才把它画出来，那种悲剧感也呈现出来。一辆被扭曲的公交车，把马困在里面烧，其实这已经是一个非常惨烈的状况。所以，一定要把自己的关注与思考通过作品释放出来。我非常喜欢这件作品，它具有很深的社会和现实意义。

刘　淳：一个艺术家需要宽容，我想知道你的宽容能化解各方面的矛盾
　　　　和压力吗？

邱光平：有时候，我还真不知道自己是不是宽容的人，可能是在人生的
　　　　过程中慢慢学会的吧。其实以前也是很较真的，现在好像完全
　　　　变了一个人，那种英雄主义的尽头和冲劲现在也没有了。大概
　　　　是随着年龄的增长，很多东西自然就放下了。以前什么事情都
　　　　想做，喜欢一个人扛着，从小就爱打架，一直打到大学。每次
　　　　打架都是帮朋友、帮同学，我自己反而从来就没惹过事儿，如
　　　　果自己遇到事情就会忍下来。我希望并努力做一个宽容的艺术
　　　　家，更希望通过人的宽容和作品的宽容来化解各方面的矛盾。

刘　淳：在更多的时候，宽容与一个人的经历和成熟程度有关……

邱光平：对。当年在学校喜欢打架，后来发现这个社会不是你想象的那
　　　　样用拳头可以解决问题，你需要用你的智慧来化解。我有很多
　　　　朋友，现在反而很好的朋友不怎么联系了，有时候一两年都不
　　　　联系，我相信那种感情是不会变的。所以你说的宽容，我觉得
　　　　是人的一种常态吧，人随着年龄的增长，心态的调整和变化，
　　　　很多东西都会放下了，也不用去较真，人静下来可以思考很多
　　　　问题，可以做很多事情。今天，很多东西不用去争也不用去
　　　　抢，你就是一个做艺术的人，老老实实做你的艺术，一辈子把
　　　　这件事情做好就够了。

刘　淳：你的作品中反映出了某种纠结、紧张和矛盾等。这个东西是怎
　　　　么形成的？

邱光平：这些东西确实有，它是我内心思考的一个层面。一个艺术家的
　　　　作品所呈现出来的东西，一定和他的性格有关。其实，生活中
　　　　我不是一个纠结、焦虑和烦躁的人。我是一个有啥说啥，内心
　　　　从不装事的人，可以说，做事的方式跟画面的气质是一样的。

大营救 布面油画 160×400cm 2008

末班车 布面油画 200×500cm 2011

长城内外 布面油画 210×350cm 2008

但画面中所流露出来的焦躁和烦恼，又是我内心最真实的写照，就是这样一种关系。

刘　淳：所以我想知道你在创作中有没有一种被撕裂的痛苦感？

邱光平：会有，思考的时候你是把心剖开的。比如刚才说的《末班车》那件作品，那时候真的有一种被撕裂的感觉，所以画面才有那种悲剧感，那种黑乎乎的浓烟，如果我没有那种感觉是画不出来的。对一个艺术家来说，思考和被撕裂的过程是一个慢慢舒展的过程，你的表达通畅了，所有的堵塞被打通，这个过程于己也是一个提升的过程。

我有一件作品叫《长城内外》，在思考和创作的过程中，直接与中国历史产生了关联。我能感觉到当年蒙古兵铁骑踏过城墙时埋下的尸骨，城墙垮了，马被埋葬，那种马的嘶鸣与撕裂……我们都知道，修长城的目的就是想把马背上的民族挡在外面，终于有一天，城墙被冲破……这其中就有我个人的思考，尤其是对生命的理解和再认识。

刘　淳：一个人来到这个世界上就是为了活着，所以才产生了各种各样的创作冲动，对生的希望、对生的意义的追问和追求。

邱光平：这也是我一直思考、关注并想去表达的一个问题。反过来说，对死亡的描绘与表达其实就是一种对生的渴望。那么一个鲜活的生命如何通过艺术进行表达呢？宗教里对死亡的理解是不一样的，我的作品中不可能加入太多的宗教元素，我不希望用我的作品去为宗教解读，那就太复杂了。还是要回到艺术本身，回到作品本身来阐述生命的意义，还有生的意义。实际上，对死亡的表现都是对生的意义的追问。

刘　淳：其实，文明的目标就是使人类重新回到伊甸园式的亚当夏娃的美好中，你的作品中是不是也同样有这种愿望？

邱光平：我的作品中所有的隐喻、暗示和批判，其实都是反方向的。伊

甸园就是天堂，是一种美好、和谐的天堂之景。我的作品从来
不去直接去描绘美好，我希望它是一种提示，向往未来美好
的、伊甸园式的生活。

刘　淳：在你看来，艺术能解决问题吗？

邱光平：艺术永远解决不了问题。但是很多艺术家能够把思考和情绪在
作品中流露出来，给观众以启示。虽然艺术解决不了问题，但
艺术家永远走在时代的最前沿，担忧与焦虑，说明艺术家的良
知和社会责任感。未来可能会在人们的内心产生一些作用，有
可能某一天会激发出人们对实际的改良。但是，它源自于文学
和艺术作品，从这个意义上说，文学和艺术就是先行者，就是
先驱，就是黎明前的曙光。但我们必须承认，艺术解决不了实
际问题。

刘　淳：艺术只能提出问题，呈现问题和表现问题，所以它成为你永不
休止的动力，也给你的创作提供很大的自由空间。也许，这才
是你的作品最打动人的地方。

邱光平：这一点我比较赞同的，毕业之后这八年来没有受到太多的约
束，我同意你的看法，我是一个自由的人。

刘　淳：这些年你应邀请参加了不少展览，最初参加展览是什么感觉？

邱光平：这里面有一个经验的积累，怎么样把作品调整得最好，这些都
是经验。没有经验，就会缺乏方法。有一年上海美术馆举办一
个青年艺术家提名展，我是被邀请的参展艺术家，由于作品准
备得不够充分，画还没有干就运到上海了。那次对我的触动蛮
大的，我觉得特别失落，想找一个地缝钻进去，觉得作品不好
是一件特别丢脸的事情，自尊心受到严重的伤害。我记得我一
个人在美术馆的外面抽了好几支烟，狠狠地责备了一下自己。
以后再也不会让这样的情况发生，就是没有准备好作品决不能
拿出去参展。我不停地在调整并总结。后来，每一次展览前都

会思考很久，杜绝那些意想不到的事情发生。

这些年来，我每做一个展览都是亲自参与进去，每一个细节自己亲自去解决，其实是想让自己在实践中学会发现问题并解决问题，慢慢就会变成一种经验。我每一个展览的规模都不小，但只要认真去做，也没那么复杂，这个过程中自信心就会增加，就会反映在你的作品中，作品随着自信心、自由度的增加而慢慢形成自己的一套方法和语言，然后逐渐被社会认可。这种信心或勇气会帮助我一直走下去。

刘　淳：广东美术馆的大型个展是什么时间？

邱光平：2013 年 9 月 6 日。

刘　淳：准备了多长时间？

邱光平：差不多准备了三年时间。最早我说我要在这个城市做一个展览，因为广东是我曾经工作过的地方，我就想把关于生命的，人类命运终极追问的主题放到经济最发达、最繁华的城市来，我就想到了广东美术馆。还因为，广东美术馆也是最早做中国当代艺术展览的空间，所以就是这样选择了广东美术馆。

刘　淳：上海美术馆是哪一年做的？

邱光平：是 2009 年，那是我的第一个个展，名字叫《四面楚歌》。后来又在四川省博物院、温州博物馆分别做了。

刘　淳：对你个人而言，个展做得很早啊。

邱光平：那时候对展览是没有什么概念，布展也完全不懂。第一个个展做完之后有了一点经验，后面的个展不停增加，规模越来越大，呈现作品的方式也不停地发生变化。广东美术馆的《天堂山水》个展，整个作品制作花了三年，展览的规划、设计和展览方案等整整花了一年的时间，被定位为"第四届广州三年展特别项目"，同时也是广州三年展的终结展，所以我还是比较幸运的。而且在我的个展期间，还举办了亚洲策展人论坛，亚洲、欧美等70多位策展人都来了，英国泰特美术馆馆长都来了。在这个策展人和美术馆馆长的论坛期间，广东美术馆做了这样一个展览，对我个人来说真是意义非凡。《天堂山水》展览结束之后，我知道有一个障碍一定要跨过去，有可能这一生需要不停地跨越这个障碍，如果有一天跨不过去了，我的生命也快结束了。

刘　淳：什么障碍？
邱光平：泛泛地说，就是作品应该发生转变。

刘　淳：朝哪个方向转变？
邱光平：转变对任何一个艺术家来说，都是必然的。如何转，怎么转，是需要时间和过程的。但必须清楚地意识到这个问题。

刘　淳：在我们今天这个平庸的时代，真的是需要具有视觉冲击力和思想性的作品引人深思，催人觉醒。
邱光平：我希望自己是这样的艺术家，也一直在提醒自己作品不要平庸，要做到这一点其实挺难的。一定要用外部的某种东西刺激你，我的方法就是不停地行走，在行走的过程中不断寻找，不断发现。一个陌生的环境可以刺激我，一个突发事件可以启发我。所以，我会不停地提醒自己保持警觉，保持那种兴奋度。

刘　淳：有时候，个人的视觉经验与某种荒诞结合在一起，会产生出乎预料的东西。你的作品应该是现实在内心的一种另类表达。
邱光平：作品本身的独特性已经成为当代艺术家所追求的方向。我的作品中的那种荒诞感或陌生感，与现实之间没有必然和直接的联系。它是模糊的甚至是含蓄的，需要观者自身的经验或经历来判断。我恰恰觉得作品传递出来的信息是有价值的东西，我以前尝试过很直接的表达，后来发现这种方式没有力量，等于什

"第四届广州三年展特别项目展：'天堂——邱光平作品展'"海报

"第四届广州三年展特别项目展：'天堂——邱光平作品展'"展厅现场 广东美术馆

天堂 1 号　布面油画　280×1920cm　2013

天堂山水 1 号　布面油画　200×1020cm　2013

目击现场　布面油画　242×1210cm　2013

"第四届广州三年展特别项目展：'天堂——邱光平作品展'"展览现场 广东美术馆

"第四届广州三年展特别项目展：'天堂——邱光平作品展'"研讨会

2009 年在北京工作室接受《凤凰卫视·资讯台》采访　　　　　　　　2009 年"四面楚歌"展览海报

2009 年上海美术馆"四面楚歌"展　左起：王念东、邱光平、汪乘以、汪帅、孟涛、梅十方

2009 年"四面楚歌"展开幕式现场 上海美术馆

2009 年"四面楚歌"展览现场 上海美术馆

么也没有说，最多是画面中呈现出艺术家的个人情绪而已。

刘　淳：你的作品像一面镜子，能映照自己，以及自己的内心。
邱光平：是。

刘　淳：在古代，画家对精神世界的表达方式都不是直接描摹山川和风景，而是内心对现实景物人为化解后的产物。你的山水作品是想表达我们当下在文明摧残下破败的山河吗？
邱光平：古人那种表达方式比较含蓄，一个画面上只有一棵树，一只鸟，一块石头，其实都饱含着古人自己的内心和他们对世界的看法。我们看到八大画的鸟和山石，还有一些植物，就是他的内心的真实写照。我在《天堂山水》中，其实就是不断地在寻找这种感觉。按照西方的标准，画风景一定有一个参照对象，但我的山水里已经没有对象了，这种方式契合了中国古代文人对山水的理解方式，所以我的《天堂山水》里面的每一块石头、每一棵树都是我的情绪表达。我现在画山水不用图片，完全是内心的真实写照。

刘　淳：观众在解读你作品时会超越你的设定，甚至他们的解读与你没有任何关系。这种情况你会如何面对？
邱光平：这是很正常的事情，我会坦然面对的。其实每个人的解读跟艺术家的内心都会有差别，出入特别大，或者根本没有一点儿关系。哲学家可能从哲学的角度去解读，历史学家可能从历史的角度解读。这些跟艺术家一点儿关系都没有。针对我的作品，别人批判或者不接受都没有关系，我只是完成了一件作品，如果有人关注，那就说明它承载了一些问题，否则谁来关注一件风景作品呢。如果从审美的角度讨论我的作品是没有意义的。只有从社会、历史和当下现实的角度上观察，作品产生了某种对抗和社会批判，对人类社会问题的终极追问和关怀，这样的话，才有意义。

刘　淳：一件作品完成之后，艺术家已经完全失去了对它的解读权利。

邱光平：是的。任何一位观赏者都会通过自己的经验去解读。有人欣赏
　　　　的是手艺，有人看到的是思想，有人发现了隐藏在作品背后的
　　　　某种语言。每个人都会不一样的。

刘　淳：在你看来，艺术的本质是什么？

邱光平：艺术的本质就是为人的内心服务，表达人的内心修炼的一种境
　　　　界，它不仅仅是审美的。我所感知的艺术，是人的内心的一种
　　　　表达方式。

刘　淳：我觉得你是一个知道如何画画的人，有些人画了一辈子，都不
　　　　知道艺术究竟是怎么回事。

邱光平：这个问题没有太多地想过，只是我永远相信手上的这支笔，相
　　　　信艺术家的本能，拿起笔就会兴奋。我喜欢笔和画布之间摩擦
　　　　的感觉，会在笔触与画布之间感受到那种快乐。其实，画画上
　　　　的事情有时候是说不清的，它需要每个人靠自己内心的感受和
　　　　体悟。有时候，在布上涂抹的过程中同样可以找到心灵上的慰
　　　　藉。我希望以后不管画什么，别人一看就知道是我画的，我就
　　　　是朝着这个方向努力的。

刘　淳：你觉得中国当代艺术的核心价值仅仅是社会批判吗？

邱光平：以前是这样认为的，但后来开始慢慢觉得有一些其他看法了。
　　　　当代艺术是一个新词汇，在中国我们给它命名为在当下发生的
　　　　一个具有批判性或提示性的艺术样式。它不一定都是具有批判
　　　　性的，当代艺术最大的价值在于提醒和发现，在于揭示那些被
　　　　掩盖的东西，它是人的智慧的反应。有些艺术家的观念，你就
　　　　觉得他真是一个很好的设计师，他作品里面什么都没有表达，
　　　　也没有主题，但你会觉得很巧妙，形式感很好，制作感也非常
　　　　好，能够触摸到人的神经点。如果说中国当代艺术的核心价值
　　　　仅仅是社会批判的话，我觉得早期是这样。今天，它正在发生

前所未有的变化。

刘　淳：你是一个非常敏感的艺术家吗？

邱光平：是的。如果从当代艺术的语境中说，我是一个很敏感的艺术
　　　　家。其实，当代艺术家都是非常敏感的，如果没有敏感性，就
　　　　不配做当代艺术家。换句话说，敏感性是当代艺术家所必备的
　　　　条件。

刘　淳：除了敏感之外，你还具备想象力和鉴别能力吗？

邱光平：想象力是有的，鉴赏能力也还具备。但是艺术家很少对自己下
　　　　这样的定论。尤其对一个优秀的艺术家来说，想象力和鉴别能
　　　　力是不可缺少的东西，如果不具备这两点，至少不是一个优秀
　　　　或者出色的艺术家。

刘　淳：所以，一个优秀的艺术家必须具备这些品质。

邱光平：我自己对一些事情是比较敏感，在创作的过程中也不停地去发
　　　　现，去调整。这个过程对自己的判断力是一个训练的过程，这
　　　　个判断就是天赋，一个好的艺术家知道作品的分寸在哪里，
　　　　所以说判断力是一个艺术家必须具备的一种能力。在创作上，
　　　　可能我50岁时会去做减法。我现在还年轻，依然还在喝烈酒，
　　　　等我60岁之后就开始喝茶了。换句话说，喝烈酒的年龄不喝烈
　　　　酒，怎么能感受到烈酒带给你的快感？！

刘　淳：理想与现实的巨大落差，大概就是让你重新开始思考作为生命
　　　　个体——人存在的价值和意义。于是那种与生俱来的悲剧感开
　　　　始在你的内心世界和作品中推展开来。

邱光平：是的。悲剧意识和悲剧感在我的作品中始终存在，可能我注定
　　　　就是一个悲剧性的艺术家。这与一个人的成长经历有关，所以
　　　　我的作品特别有一种生命抗争的力量。这一点是回避不了的。

刘　淳：我一直在思考人的双面性，这一点可能每个人都有，所以外表
　　　　的判断很多时候不一定准确。比如你外表是一个豁达、乐观、
　　　　豪爽而且做事干练的人，但你内心深处对这个世界却隐藏着一
　　　　种恐慌、不安甚至绝望，它在你的创作中如何得到统一？

邱光平：我是一个双子座的人，双子座最大的特点就是他的两面性。所
　　　　以他的行为动作也存在着两面性，两面性就是矛盾的。而双子
　　　　座的人展现给外人的永远是阳光、干练的那一面，一旦他独处
　　　　时，他是孤独的，这种孤独和伤感会滋生出另外一种具有悲剧
　　　　意识的情绪来。凡是双子座的男性，喝醉酒时会哭，我也不
　　　　例外，我流泪时都是醉酒的时候，两面性中最脆弱的部分暴露
　　　　出来了，而平时都是掩盖的严严实实。其实，每个人都有两面
　　　　性，只是有的明显，有的含糊而已。我的外表是长头发大胡
　　　　子，做事风风火火，但作品中的那种忧伤、悲鸣和担忧，又和
　　　　我的内心是一致的。人的性格与作品的性格应该是统一的，就
　　　　像程丛林老师说过的一句话，他说："你看我的作品永远都是
　　　　那种苦涩和刚烈的，对历史有太强烈的负重感和使命感。但是
　　　　你看何多苓的作品，永远充满着贵族气息，有一种与生俱来的
　　　　诗意。"

刘　淳：这是一个很长的话题，一两句话谈不清楚。那么你的内心深处
　　　　有没有一种自卑感？

邱光平：读书的时候有，而且比较强烈。但是后来逐渐适应了社会之
　　　　后，自卑感慢慢地消失了，但是后来它又在你的作品中呈现出
　　　　来。可能自己平时没有感觉到，但内心深处还是有的，而且一
　　　　直会有。但我所理解的自卑不再是个人的某种情绪，它是一个
　　　　更大范围的状态，对社会、对环境、对未来的担忧和失望，它
　　　　不再是一个自我的范畴，可能是一个艺术家的使命感在起作
　　　　用。

刘　淳：转换成一种社会责任了。

邱光平：你没有办法完成那种责任的时候，你的自卑感就滋生了。

刘　淳：你的内心深处有没有一种不平衡和失落？

邱光平：肯定会有，而且这种东西谁都会有的。你的理想和愿望没有达到预期的目标，就会产生失落与不平衡。人的羡慕嫉妒恨，其实就是因为不平衡和失落而产生的。因此，它需要调整，只有通过时间慢慢完善自己，才能去平衡这种关系。

刘　淳：你的作品给我的感觉是，一路充满了野性和理性，走的坚定而毫无顾忌，这种品质和气质来源于什么？

邱光平：可能还是跟性格有关系，如果一件事情我不去做，就会一直放在那儿并且一直惦记着它，让人活得不舒坦。其实，我的很多作品来源于我的行走，或者是我的实际操作，一旦想到了就要去做，在实践中我只相信我的眼睛看到的。我没有见到的，包括书本的我都持怀疑态度。我只相信我的眼睛。

刘　淳：不相信耳朵？

邱光平：对。不相信耳朵！

刘　淳：你的创作对精神追求是有目共睹的，那么它是从哪儿来的？

邱光平：源于你对世界的理解和认识，源于你的人生观、世界观和价值观。简单点说，就是你对世界和人类社会的看法。一件艺术作品，如果失去了精神层面的东西，那它还有什么意义呢？！

目击者 1 布面油画 40×30cm 2012

2013 年云南大学讲座现场

天堂鸟系列之二 布面油画 180×90cm 2013

第十部分

在这个季节，宣称自己是灰色的。坦然露出那豪迈和张扬的姿态。明年秋天还要来，还要一个人从历史穿过，踏响一路。

——胡杨

千年破　布面油画　100×240cm　2014

三个和尚一座庙　布面油画　100×240cm　2014

刘　淳：这些年来，我们始终被"现实主义"所影响，在理解、认识和表达上产生了很多偏见和误解，对此你如何看？

邱光平：这是一个很大的话题，其实现实主义在中国的文艺创作中一直存在着，而且起了很大的作用。我在读研究生时，我们有一个课题是关于现实主义的，老师想让我们相信自己的眼睛，相信你的眼睛所看到的，现实当中真实的那部分。我还做了一个课题研究，我还画了一批很"现实主义"的作品，通过照片把它原原本本地表述出来。我们很多同学都没有按照这种方式去做，是因为现实主义的作品虽说对中国美术发展起到非常重要的作用，但是当下它的这种功能在减弱，一件作品表达的太直白，就不高级了。现在资讯这么发达，需要传达的东西瞬间就传达了，如果继续画苏里科夫的作品就没有任何意义了。今天的艺术作品需要在现实中提炼，比如面对藏民画一件现实主义的作品，现在不需要了！怎么样把精神层面的东西提炼出来，才是要努力的方向。

刘　淳：长期以来，我们对现实主义也有很多的误解。

邱光平：是的。尤其在我们的艺术教育中，混淆了它的基本概念。

刘　淳：现实主义在今天是一个无边的概念，所以对它的解释已经变得非常复杂。

邱光平：特别在艺术领域，原有的定义和概念在今天都发生着很大的变化。比如在今天，谁能解释什么是艺术……

刘　淳：是的。艺术已经没有边界了，杜尚以后，艺术与生活的界限被彻底打破。

邱光平：所以对具有创造性的艺术家来说，什么是艺术并不重要，重要的是他知道自己该做什么和怎么做，该朝哪个方向走。

刘　淳：这些年来，世界与大地之间的"空"，构成你创作的主题，这

是暴殄之后的墟境。对这个问题的关注与研究，你还能走多
久？

邱光平：至少现在对"大世界"的问题比较感兴趣，与之前作品中注重
个人感受有了一些变化。由主题先行，到后来消解主题，这是
一个过程。我想在作品气质方面会一直研究下去，正如现在
对"大人类"的未来感兴趣，我就会做一些关于灰烬废墟的
作品，现在还感觉有很长的路要走，还有很多让我思维兴奋的
点。

刘　淳：追求和探索，更多地集中于普世的价值观而不是某个局部的正
义，这又是基于怎样的思考？

邱光平：准确来讲，我的作品都不是属于唯美那一类的，在我看来，唯
美是一种让人愉悦的审美观，而我想要表达的不仅仅是美学，
而是美学背后的功能，能够触摸到灵魂深处的燃点，我所要做
的，就是要点燃它。这也许正是当代艺术存在的价值和意义。

刘　淳：这些年来你一直用自己最真实的体验去做事，表达你在这个世
界上存在的真实感受，所以如何看待个体生命的意义，就成为
现代人必须面对的问题。

邱光平：每一个人都是一个个体，什么叫个体生命的意义？没有一种方
式是定论你的个体生命有没有意义的。至少今天我们不能说谁
比谁更有意义。对于艺术家来说，他的个体生命有没有意义还
要看他的作品。很多艺术家在世时没人知道他的价值和意义，
但是很多年之后，或者时代发生了变化，他的作品在特殊的语
境中就产生了意义。我们今天的艺术家活在一个很好的时代，
至少说在你活着的时候就能感觉到你对社会还有一定的影响
力。书写历史依靠时间，梳理历史还是依靠时间。至于有没有
意义，不是艺术家自己去想的事情。可能很多年之后，今天那
些没有意义的作品变得很有意义；今天有意义的作品在很多年
之后变得没有任何意义。

刘　淳：你的作品引发了观众对文明的反思，它提出了一个惊心动魄的问题，人类的未来将走向哪里？

邱光平：我的作品里面确实有这样的表达方式，但这只是我个人的一种设想。人类的命运最后是不是像很多科幻片那样，在高度文明和发达之后，在这个宇宙中真的不存在了。或者是人自身的身体发生了改变，那是一种萎缩或者什么我不知道，假如在一个到处都是机器的时代，人还有意义吗?!

刘　淳：谁来制造机器呢？

邱光平：制造机器当然是人，但其中已经融入了相当大的高科技含量。说到底，科技发展的结果最终是人类把自己毁了。今天我们再看，有些国家减缓了发展的速度，大家都非常清楚发展越快毁灭就越快。但是国家与国家之间的关系又很复杂，你不壮大，话语权就不在你这儿，人家就可以制约你。所以逼迫很多国家不停地发展，制造原子弹、核武器等。如果有一天这些东西真的爆发，实在是不敢想象……什么都没有了。所以我感觉它就是朝着毁灭的方向去的。

刘　淳：既然你对人类的文明如此悲观，那么你对绘画的前途又如何看？

邱光平：假如有一天，人类真的不存在了，那么谈论绘画也就是一件没有任何意义的事情了。在今天，早已经有人提出来绘画的意义消失了，绘画没有任何意义了等等。其实对于绘画，没有那么复杂，只要你喜欢，就继续画下去。它有没有意义、有没有前途只是对某些人而言，但我觉得它的意义永远会存在下去。当代艺术走到今天，形式多种多样，但是最终绘画还是主流，如果它没有意义，这么多人为什么要穷尽一生去做这一件事情呢。

刘　淳：艺术在今天有没有启蒙的意义？

邱光平：应该有的，而且永远会有。至少在我对艺术的学习和认识的过
程中，启发了我很多想法。使一个初学者得到最基本的知识。
当代艺术在中国使很多人通过启蒙而觉醒，这是一个不容忽视
的事实。

刘　淳：作为一个艺术家，我们是不是应该把启蒙的道理，包括普世价
值搞清楚？然后融化在自己的作品里，观众可以逐渐被感染和
熏陶，以此超越思想形成的局限。

邱光平：其实，它会潜意识地在人们的大脑里留下痕迹，我相信它就是
思想的启蒙。艺术家的作品可以给科学家一种启蒙，比如说现
在有一种疗养法叫艺术疗养法，通过欣赏作品来净化心灵，这
是不是启蒙。艺术能启蒙孩子的想象力，打开他的思维意识。
其实艺术家在自己的作品中，或多或少都加入了启蒙的意识，
一定要让一部分人看懂其中的普世价值。

刘　淳：1949 年之后，中国缺少宗教的维度，尤其是基督教。其实，基
督教的有利条件在于上帝代表绝对的正义，于是对正义的价值
有了神圣感，实际上中国人对正义是缺少神圣感的。

邱光平：这个话题比较敏感，因为这是一个社会问题，甚至超越了社会
问题而成为其他问题。今天，中国民众的骨子里是一种信仰集
体丧失的时代，大多数人是没有信仰的。中国在高速发展的过
程中产生了很多的奇异现象，你没法去定论它，于是希望有一
个东西大家去信仰。但是艺术家还是要信仰艺术。今天的中国
不知道会有一种什么样的精神力量让大家去崇敬它。我觉得艺
术有这种功能，艺术是可以把正义感和崇高感传递出来的。改
革开放30 多年，大家在物质上不停地追逐，为了利益把自己异
化。有一天，更新的一代人起来，他们对物质的欲望不那么强
烈，那时候就会有一块属于精神层面的东西让大家去追寻，中
国人对正义的神圣感就会出现。

刘　淳：对于今天的中国而言，启蒙和理性依然是非常重要的。我一直认为启蒙是一种生活方式，它需要一点一点地向前推进，这是一个长期的工作和责任。

邱光平：这是一种社会在发展的过程中必须要经历的阶段和面对的问题，我很赞成你刚刚说的启蒙是一种生活方式。一旦这个社会稳定了，有秩序了，人们不再焦虑了，这种启蒙的意识会成为一种习惯，成为我们生活中非常重要的一部分。但是在现阶段，启蒙并不完全是这样。

刘　淳：所以说我一直在想一个问题，你笔下的那些奔腾的马，虽然身躯彪悍，但最终会走向灭绝，那么人类的未来会是怎样呢？每每想到这些，都会有一种毛骨悚然的感觉。

邱光平：这个问题在我的作品里已经表达得很清楚了，也许太悲观了，有人也给我提过这些。但是，我们一旦想到人类终极命运时，肯定会有一种毛骨悚然的感觉。可能我们谁都会说"跟我没关系"那么究竟跟谁有关系呢？！如果有一种启蒙，或者一种普世价值观的提醒，这个作品就有意义了。社会还是在进步，我们已经看到很多人在拯救环境、拯救人类，拯救自然，他们都在积极地做着种种努力。艺术作品有一个跟电视不一样的地方，那就是艺术品的时效性很长，可能是十年、几十年、上百年甚至永恒。

刘　淳：你的很多作品中，都有一种咄咄逼人的气息。你是有意这样做的吗？

邱光平：作品本身从视觉上给人一种压迫，我挺喜欢那种压迫感的。但是作品背后又有很多隐藏起来的东西，这就是我的作品的特质。一定要有矛盾，一定要呈现问题。如果你做到了，那种所谓咄咄逼人的气息自然就出来了。

刘　淳：也许，你在未来的艺术道路上，是一个多变的艺术家。在我看来，真正的伟大就是自由精神和鲜明的个性。

邱光平：我觉得自己不年轻了，时间总是不够用，精力实在有限，对于
未来在艺术上还有多少变化我自己也说不清。有可能是直接挖
一口井，一直往下挖，最后把自己的一切都耗进去了。"伟
大"这个词语我不敢去想，但我希望我是一个自由并有个性的
艺术家，而且始终保持最鲜明的个性。尤其是对当代艺术家来
说，没有个性，就等于没有一切。

刘　淳：问一个有点荒诞的问题，也是一个老话题，如果你不是人的
话，你最喜欢做哪一种动物？

邱光平：这个问题很有意思，也很突然。反正我不愿意去做马。

刘　淳：为什么？

邱光平：马被我赋予了这么强的悲剧意识，我还做马干什么。如果真要
做一个动物的话，我希望做一只乌龟。

刘　淳：是乌龟的寿命长吗？

邱光平：当然是寿命长啦。我可以看到很多我的同代人看不到的东西，
最重要的是，我可以看到我的预言是不是真的了（笑）。

刘　淳：如果让你把某件日常生活中的物品作为最神圣的物品来敬拜，
你会选择什么呢？

邱光平：这样的问题从来没有想过。也不会这样去思考问题。如果是生
活物品的话，那就选一块石头，或者是一块太湖石。

刘　淳：如果你有能力抢救一件东西的话，你最想抢救的是什么？

邱光平：最想抢救的是那种老宅，就是老房子。

刘　淳：为什么是老宅呢？

邱光平：我特别想到老房子里去住，我每一次进寺庙，都要在那里待很

久，那些老房子经历了几百年甚至上千年的风雨洗礼，真的是有一种能量在里面。再狂躁的人一进寺庙就安静了，感觉头上三尺有神灵看着他。老宅子可以让人安静，安静了就能思考就能潜心做事情。

刘　淳：你经历过使人无能为力的事情吗？

邱光平：经历过地震。我们开车前往汶川去营救。那时候你拉的粮食和食品什么的都没有用。你看到山体和房屋在倒塌，大片大片的坍塌，你才感觉到什么是无能为力，你什么忙都帮不上，只有在一旁无奈的流泪。

刘　淳：我提出这些问题都是从你的作品中受到的启发，所以我一直有一个假设，如果人类在一个小时之后彻底毁灭，你眼下最想做的事情是什么？

邱光平：泡一杯清茶，如果可能的话，约上几个好哥们儿在一起就行了。

刘　淳：你是一个天生的叛逆者吗？

邱光平：我觉得是，与生俱来的不安分，或许这种不安分会伴随我一生。

刘　淳：如果不让你保留胡须，你会感到痛苦吗？

邱光平：会的。

刘　淳：为什么？

邱光平：因为胡须已经是我生命中很重要的一个标志了，我可以把头发剪短，但绝不能把胡须刮掉的。

刘　淳：这种标志是一种美吗？

邱光平：我认为是一种美。

刘　淳：在你的一生中，如果让你嘲弄一件事情，你最想嘲弄的是什么？

邱光平：我最想嘲弄的就是那些贪官和污吏。那些平时看起来道貌岸然的家伙，公然干着见不得人的勾当，台上讲大道理还教育人民。突然有一天把他翻过来，其实已经烂完了，我想嘲讽这种现象。我们的体制有自身的问题，但那些贪官污吏怎么一点良知和社会责任感都没有。他们是怎么受的教育？他们又如何教育自己的儿女？！

刘　淳：如果这个世界上仅仅要保留一件美术作品的话，你希望保留哪一件？

邱光平：我希望保留我的作品。

刘　淳：自然与文明，冲突和断裂在你的作品中尤为突出，表达的就是人类在这个阶段文明中的困扰和不安，以及大量的矛盾。比如社会分化和对立，对自然的破坏、污染、腐败等等，是否都需要植入整体的思考中？

邱光平：这些问题在我的作品中都有体现。换句话说，人类所有不好的东西和肮脏、阴暗以及腐朽的东西在我的作品中都有影射。比如那些张着大嘴嘶叫的马，那是一种绝望的吼叫，是一种绝望之后的呐喊，它们的绝望是对人类所有腐败行为和破坏行为的绝望。我是将这些复杂的关系整体放在我的思考中，然后在作品中表达出来。其实这些东西非常重要，后面还要慢慢去思考，慢慢去做，再深入一些，语言再精准一些，作品会更好。

刘　淳：在你看来，除了理性的思考之外，你的作品还需要天赋吗？

邱光平：当然需要，在我看来，天赋与激情是作品中不可缺少的重要因素。

刘　淳：天赋和疯狂的界线在哪里？

邱光平：天赋、想象力和疯狂，在我看来是没有界线的，也许他们都是与生俱来的。对一个艺术家来说，这些东西恰恰构成一种最高的境界。只是，它需要恰当使用，要懂得分寸和控制。

刘　淳：天赋是不是一种能力？

邱光平：天赋是一种能力，这种能力是与生俱来的，是后天所不能培养的，也是你不能左右的能力。其实很多人都会有天赋，有的人反映在说话上，那是语言的天赋。有的人善于思考，逻辑思维非常清晰，就是他的组织能力。有的人天生对画画有感觉，有的人对材料很敏感，等等等等。要想人为地训练天赋恐怕不太可能。一个人之所以成功，是他的天赋被挖掘出来了，而且发挥到极致。体育竞技很讲天赋，体格和体质决定了你能否获得成功。所以，天赋就是一种能力，但是它并不是人人具有的能力。

刘　淳：你目前的生活状态和创作状态很好，这样继续下去，它会不会抹杀你的真诚和坦率？

邱光平：我想是会有的。一切都稳定了，人就容易飘。你被媒体关注多了，在一定的范围内有名气了，你的家庭状况都改变了，你就容易飘起来。但是我很快会警觉起来，就像刚才讲的对待艺术的真诚度会减少了。所以这时候一定要把自己扔到一个陌生的环境里，它会帮助你去寻找内心需要的真诚。所以，一个艺术家只有在不停地行走中才会有所创造。我会不停地调整自己的创作状态，希望它不会因为生活的改变而改变我的初衷。

刘　淳：你最喜欢什么颜色？

邱光平：我最喜欢红色和黄色。

刘　淳：为什么？

邱光平：这是具有生命力的颜色，我对红色有特殊的偏爱，可能没有什么理由，就是一种喜欢，一种天生的喜欢。黄色是我今天画面的主色调，黄色可以刺激你的视觉神经，让你烦躁和不安，甚至有一种病态的生理反应。我想把这两种颜色很合理地放到我的画面上，引起观众在视觉上和心理上的双重反应。

刘　淳：在文学作品中什么东西使你最有兴趣？

邱光平：还是那种很苦的、很讽刺的作品。我印象比较深的是鲁迅的文章，里面都是一些我感兴趣的形象。鲁迅作品中有很多讽刺的语言，我非常喜欢。

刘　淳：你在协调艺术与人的关系上显得非常自如，这是如何获得的？

邱光平：可能跟自己的人生态度有关系，你对待某一个人或某一件事情，就是两个字，真诚。不要用心计去做某一个事情。我是一个任着自己的性子做事的人。人是没有十全十美的，你只要付出真诚就行了，别人是可以感觉到的，艺术也一样。有些东西并没那么复杂。

刘　淳：你平时喜欢读书吗？

邱光平：我这个人不喜欢读书。

刘　淳：为什么？

邱光平：可能是没有读书的天赋。如果我拿过来一本书，很快就看完了，我只看我感兴趣的那部分，所以我不是学者型的画家，属于感觉型的。但是我喜欢聊天，也喜欢听别人聊天。我不相信书本里面的东西，但是我自己也写了很多的文字。

刘　淳：哪些文字？

邱光平：随感、随想之类的文字，我的笔记本有很多，里面支离破碎的什么都有。我甚至都没有完整地读完一篇小说。小时候我的同学看书看得眼睛都高度近视了，我说有什么好看的，都是别人编的。我现在也写一些东西，给一些艺术家朋友写一点文章，他们也要出版或发表。我自认为那些所谓随笔水平不是很低的，只是"语无伦次"罢了。

刘　淳：你愿意思考问题吗？

邱光平：我是一个感性型的艺术家，但不等于我不思考问题，其实我也是一个思考型的艺术家。一件事情我要从很多方面去观看它、分析它、思考它，其实，思考已经成为我在艺术创作过程中非常重要的一部分了。你看我的那些照片，其背后都蕴藏着艺术家的广泛关怀和深度思考。

刘　淳：你觉得世界会有末日吗？

邱光平：任何生物、任何生命体都会有终结的一天，这是事物发展的规律，人类也会面临这一天。

刘　淳：你不断地观察、思考并反思，那么什么时候能够发现和明白自己呢？因为有些人一生都不明白自己。

邱光平：发现和明白自己，真正把自己读懂了，可能就是闭上眼睛的那一刻。特别是艺术家，艺术家的眼睛和脑袋对世界永远是怀疑和质疑的，包括对待自己。作品发生变化，一定跟他的心理和经历有关，一定与他对世界的理解和认识发生改变有关。其实，观察、思考，在很大程度上都是认识自己的过程，只不过，有的人清晰，有的人混浊而已。

刘　淳：你的工作有没有一个长远的规划？

邱光平：多远是长远呢？如果以三五年为一个时间段，那还是比较现实的。规划肯定是有的，比如说我关注西藏与广东沿海的这项工作，从实地考察来说工作量是很大的，需要自己亲自去行走、去感受、去体验并不断的积累，最后还要把它变成作品。这中间可能会有很多展览，那你怎样协调创作和展览之间的关系呢？并不是把自己的作品都藏起来不让人看，还是要慢慢地让别人了解你作品。所以，规划对任何一个艺术家都是有的，那是一个不愿未来的工作计划。

刘　淳：在后现代艺术的今天，你觉得一件作品是由艺术家和观众共同完成的吗？

邱光平：我想说的是，至少我不是那样的艺术家。观众怎么解读我的作品，我觉得只是一个方面，我会按照我设定的方式进行，按照我的思考进行工作。至于观众怎么观看和阅读，怎么解释我的作品我就不管了，这就是我的性格。当然，我也不想用作品去讨好观众。可能有那种艺术家，很在意别人的看法，很在意观众的阅读方式，甚至让观众给他提了很多的建议。今天资讯这么发达，你只要想一个什么点子，或者别人给你提供一个点子，很容易做出讨好别人的作品来。但是我不太在意别人说什么，这个对我不重要，我始终按照我的方式生活，按照我的方式进行创作。

刘　淳：在创作上，你是一个很霸道的艺术家吗？

邱光平：早期的时候我还能听进别人的意见，后来就越来越听不进去了。你越是那样说，我越不会按照你的方式进行。我喜欢我行我素。说实话，我觉得很多艺术家在创作上都可能很霸道，霸道不是一个贬义词，我恰恰觉得它是一个褒义词，艺术家在创作上不霸道，优柔寡断，不会出现好作品。

刘　淳：你觉得一件作品的成功需要具备哪些因素？

邱光平：在学校时，老师经常讲绘画的五要素，如果你把握了其中两个要素，你的作品就比较完整了。但后来我发现，这五要素只适合老师自己。我倒觉得作品成功的标志是有没有准确地表达作者的内心。如果表达的准确，哪怕就是一块白布，也是一件很成功的作品。如果语言不好，画了一两年，什么也没说清楚，

2015 年第130 届巴黎大皇宫独立艺术家作品展 左起：徐丹、邱光平、天成当代艺术机构董事长张婧、廉学洺

2014 年邱光平在巴黎大皇宫

2014 年邱光平与庄主Luca 先生共同展示巴罗洛珍藏版2007 全球签名限量红酒

由邱光平创作酒标的巴罗洛珍藏版2007 红酒

2014 年 左起：天成当代艺术机构董事长张婧、意大利vietti 酒庄庄主Luca、艺术家邱光平、凯润优品酒业总经理蔡春共同发布邱光平巴罗洛珍藏版2007 艺术酒标

观沧海 布面油画 300×100cm 2015   青松 布面油画 300×100cm 2015

飘落的羽毛 手稿 纸本水彩 80×110cm 2015

两只去天堂的狗 手稿 纸本水彩 80×110cm 2015

拥挤的黄
布面油画
60×750cm
2015

人像 狼毒草水彩 51×71cm 2015

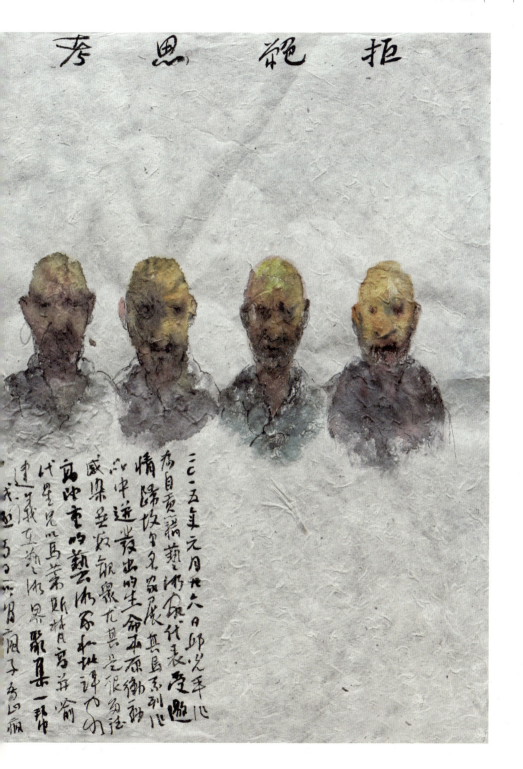

思 祀 拒

二〇一五年元月廿六日邱兆锋受邀为自贡籍艺术家代表受邀情归故乡兄弟家展其岛系列此中逆发出的生命本原彻动此中逆发出的生命本原彻动感染尤其是很为法感染是此银泉尤其是很为法氛围重的艺术家私批评心代生兄以写弟斯特为并俞代生兄以写弟斯特为并俞连年我互慰术界聚具一郑帅戏遇写之二月兩子秀山丽

野百合　布面油画　200×300cm　2014

千山鸟飞绝之一
布面油画
200×100cm
2015

甚至语无伦次，那就不是一件好作品。

刘　淳：你有没有想过，有一天你会从一切物质的责任中彻底解放出
　　　　来？

邱光平：至少现在还没有想过。从物质的责任中解脱出来需要时间，需
　　　　要过程，也需要一个人的境界。我现在还生活在一个现实的世
　　　　界中，你可能对物质没有那么狂热的占有欲，慢慢会淡化。你
　　　　在这个社会里，跟人和人之间都产生了关系，这种关系是和物
　　　　质紧密联系在一起的。比如我要做一个展览需要好几百万，你
　　　　说我不考虑钱能行吗。所以它需要一个过程，也许，这个过程
　　　　时间很漫长。

刘　淳：从本质上说，你对待艺术的方式还是传统的，能不能通过你的
　　　　思考和判断，去改变人们对艺术的理解和认识？

邱光平：这是我所希望的。任何一个艺术家都希望自己的作品能够改变
　　　　观众对艺术的看法，从艺术史的角度上说，这是一个高度，也
　　　　是一个很难跨越的高度。我希望我的作品有这种功能，它需要
　　　　方方面面的努力。但我觉得艺术家不应该太多的去想这个问
　　　　题，他的作品有没有能力去改变别人的理解和认识不是艺术家
　　　　的责任，艺术家只管做好自己的事情就可以了。作品究竟能起
　　　　到什么作用，那是别人的事情，不是艺术家思考的问题。

刘　淳：就目前而言，你认为你最好的作品是什么？

邱光平：也许，最好的作品还没有画出来。前面有几张对马的描绘我认
　　　　为还是比较独特的，我自己也比较满意。

刘　淳：也许，你最好的作品就是你一生所付出的努力，用杜尚的话
　　　　说："度过的时光"。

邱光平：从后现代艺术的层面上说，这个提法是最好的。杜尚说"度过
　　　　的时光"是一个概念，也是一个生命的属性。在杜尚那里，艺

术的本质发生了改变，什么都可以成为艺术，没有什么不是艺术。包括你的人生经历，你的暗淡、你的闪烁等等。我觉得杜尚的这句话讲得非常好，他觉得任何实用的物品，只要改变环境和语境，就会成为艺术品，可能我们今天还真的做不到。今天，中国人和中国艺术家对杜尚的理解和认识还有很大的差距。当然，我也希望我最好的作品就是我"度过的时光"。

刘　淳：你的经历和你的艺术实践告诉我们一个事实，一个艺术家最后还得靠作品说话。

邱光平：是的，这是绝对的真理，艺术家不靠作品说话还靠什么。无论你讲了多少道理、编了多少故事，最后大家还是要看你的作品。作品好与不好，每个人都会有自己的判断和定论，现在下任何结论都为时过早，历史需要时间的积累和沉淀。所以，今天我们的艺术史太粗糙，都是在时间线条上的简单堆砌，没有花上几十年的工夫来消化和梳理，都不太准确。

刘　淳：你正在跨越一道最难跨越的门槛，然后将艺术带入更加自由的创作天地，你对未来是否充满信心？

邱光平：那是肯定的！我这个人如果没有信心就不去做了。既然我选择去做，肯定是信心十足。我知道这个过程当中会有很多阻力和障碍，会有方方面面的欠缺。最根本的问题是对自己的挑战，整个过程就像杜尚所说的那样，在"度过的时光"中用尽全力是最完美的。

刘　淳：你能将那种惊心动魄的感觉揭示在最平常和最普通、也是最微妙的地方，这是你的过人之处，也是你的创造性所在。

邱光平：谢谢你这么高的评价！我只能是尽力而为吧。

刘　淳：你用你的艺术、你的生活以及你的生命告诉我们，艺术不能限制在一件作品中，包括你的西藏之行都将构成一个整体。它已经和你的人生紧紧地融为一体了吗？

邱光平：我的西藏之行已经引起了很多方面的关注，也包括西藏的艺术界和媒体。其实我只是一个过客，一个匆匆的行者。为什么我的行为会引起那么多人的关注呢？他们也希望外来的文化对西藏本土艺术有一些冲击或影响，他们也希望得到改变。30多年前陈丹青去了西藏，然后无数艺术家都往西藏跑。30多年之后邱光平又来到西藏，我能带给西藏什么？这可能就是要被关注的一个问题。其实我也不知道会带来什么，但至少西藏会影响我的艺术创作。我回来之后，太多的人询问我关于西藏的感受，我又讲不出具体的东西来，但我非常清楚我去西藏干什么，西藏给我留下了什么。

刘　淳：艺术在今天不仅仅是画出一幅好看的画，不仅仅是展示一个精湛的手艺，那么，未来的艺术会是什么样？

邱光平：从传统的形态上看，艺术的标准就是画出一幅手艺精湛的好画。那么今天的标准发生了变化，今天是一个没有标准的时代，手艺已不再是判断好与坏的标准。关注现实，关注人生，关注生命，关注生态才是今天当代艺术所追求的目标和方向，才是艺术家应该做的事情，这是当代艺术家应该具备的责任感。艺术的本质是自由与创造，未来的艺术同样离不开自由与创造，实践永远是检验真理的标准。

刘　淳：你现在四川大学艺术学院任教，你喜欢教学吗？

邱光平：喜欢。我喜欢和学生在一起讨论问题，喜欢他们天真无邪的纯真，也喜欢和年轻人在一起的那种充满活力的生命状态。

刘　淳：如果学校给你一个领导职务，你会去上任吗？

邱光平：我们学校早就想让我去干领导职务了，如果干的话，也要在50岁以后。也就是说10年之后我才会去做这个工作。因为50岁之后，我的人生经历和艺术实践，以及对艺术的理解和认识会发生很大的变化。今天我还在摸索中，我都不知道自己的对与错，怎么能对学校和学生负责呢。其实，每一个画画的人都希望更多的人来追随他，我也不例外。我也希望对更多人去说教，但是我必须改变这种心态。我们都知道，艺术不是老师教出来的，所以我觉得我现在没有能力去告诉一个人如何成为艺术家。

刘　淳：你能够控制你不会去犯错误，不会去做违法的事情吗？

邱光平：犯错误控制不了，但我有一个底线，不要去触碰法律，这是做人的底线。关于错误，大错误小错误都是错误，有时候说句话也是错误，这是难免的。但尽量控制自己的情绪，控制自己的脾气与性格，在一个自己可以掌控的范围内生活，还是能够做到的。包括自己出去旅行，始终在不停告诫自己要小心谨慎，不要触碰当地的风俗习惯，不要与人发生争执等。虽然跟艺术没关系，但也是做人最基本的原则和态度。

刘　淳：在日常生活中，在你和朋友、家人的交往中，你能够控制你的情绪和脾气吗？

邱光平：对待越亲的人脾气越爆，对你越好的人反而脾气越大。随着年龄的增长，我尽可能与人友善，一起都会改变的。

刘　淳：艺术是你生命的一种呈现，你真的懂得了什么是自由自在，什么是生命的意义。

邱光平：自由自在我倒觉得我做得还不错，因为我这个人心里藏不住事，有什么就把它倒出来，说出来吐出来就没事了，就觉得特别舒坦。生活跟做艺术还不一样，因为生活中面临的人和事情比较复杂，如果将艺术与生活进行有效的结合，那才是一种高境界。在我看来，艺术是生活的一部分，还不是生活的全部。所以杜尚的理论在中国还需要一个漫长的过程。

刘　淳：对你来说，艺术家的状态比起他的艺术，哪个更重要？

邱光平：我觉得应该是状态，有了好的状态才会生出好的艺术。

刘　淳：你是一个什么样的人？

邱光平：我们经常说一个话题，我是谁？我从哪儿来？我要到哪儿去？
　　　　我也经常问自己，我怎么会画画呢？我怎么走上艺术这条路的
　　　　呢？我能走下去吗？到底能走多远？其实这些问题是没有答案
　　　　的。所以就把自己看成是一个越来越真实的人，对家人、对朋
　　　　友、对工作越来越真实，努力做一个善的人，这是我的做人底
　　　　线。

刘　淳：你有没有绝望过？

邱光平：有！我记得很清楚，在床上睡觉的时候捂着被子全身发抖，那
　　　　种颤抖就是一种前所未有的绝望。那时眼前真的是无路可走
　　　　了。

刘　淳：被钱逼的？

邱光平：肯定是被钱逼的。就是控制不住自己身体的反应。我有两次颤
　　　　抖，一次是因为生存的压力，另外一次是爱情。

刘　淳：为爱情还发过抖？

邱光平：可能这是很多人都有的经历。我们都是重感情的人，一旦因为
　　　　某种原因要分开了，就像被撕裂的那种感觉。那种颤抖，说明
　　　　你的内心和身体紧紧结合在一起了，是真实存在的，也是掩饰
　　　　不住的。那种颤抖是付出多年但却没有结果的一种失落和绝
　　　　望。

刘　淳：你的父母为了你求学，吃了不少的苦。现在条件都好了，你用
　　　　什么方式报答父母，以及你的哥哥姐姐们？

邱光平：其实做父母的永远都不希望儿女去报答他们。现在条件都好

了，衣食无忧。去年回去把哥哥姐姐在老家的房子重新建了，他们目前生活得很好，像是当地的大户人家。

刘　淳：他们是不是为有你这样的弟弟感到自豪?

邱光平：仅仅是在物质上改善一下，但精神层面还是不能去改变他们，他们离不开故乡。父母都快80了，开始在我这里住，后来不想住了，想回老家。所以就回去了。

刘　淳：他们不习惯城市生活吗?

邱光平：是的，他们还是不习惯在城市生活。现在农村的条件好多了，天然气、自来水、电视电话什么都有，空气也好，我也就顺应了他们。农村的房子也装修的漂漂亮亮的，他们的晚年都很幸福。现在通话也方便，随时随地都可以打电话，回家也很方便。

刘　淳：人类在当下的能力还能解决自己造成的恶果吗? 比如人类疯狂掠夺资源，破坏自然环境之后导致的生态危机等等……

邱光平：我觉得很难解决了。世界之复杂，前所未见。人类的欲望过度膨胀，无休止的向未知探索，看似进步，其实是加快了毁灭的步伐。我最近创作的一组新作品《拥挤的黄》就是这种忧虑。

刘　淳：你用作品推演并预示未来，使人感到恐惧并产生绝望。但未来到底如何，其实我们谁都难以预料。这一点你如何看?

邱光平：现在很多艺术作品，特别是一些影视作品都在关注人类的未来，都在忧心忡忡的，这说明全人类已经意识到这些问题的严重性，这已经是一个公共话题了。作为一个社会的人，能够以身作则，更多参与到这种呼吁中来，也许在不久的将来，整个社会发展开始慢下来，人的心境开始静下来，那是我所期望的，也是人类开始有希望的时候。

刘　淳：在我看来，预言的作用历来是为了警示当下的人，所以，珍惜当下才是最重要的。

邱光平：是的，在有限的生命里，为社会多贡献自己的一点小价值，已经很好了。

刘　淳：你在画布上呈现的世界，并不是对现实空间的模仿或变形，而是改变了关于艺术真实的观念。这是你的初衷和动机吗？

邱光平：这是内在的心理诉求吧，自然而然形成的。

刘　淳：艺术总是要创作出可信的真实。那么这种不可见但可信的真实究竟在哪里？

邱光平：在哪里呢？也许在每个人的心里面，潜意识里存在着。

刘　淳：2015年4月，你将在西安美术馆举办一次大型的个人作品展，这个展览与2013年你在广东美术馆的个展主要的区别在哪里？

邱光平：广东美术馆展览名称叫《天堂》，这次西安美术馆的名称是《墟境》，从名字听起来，感觉一个是讲天上仙境，一个是讲人间地狱，其实两个展览的内涵和精神气质是一脉相承的。《天堂》展是我作品重要转型期的标志，《墟境》应该是一个推进和拓宽，还有一些总结与回顾的意思。两个展览都运用了多种展出形式，包括雕塑、绘画、影像等。《墟境》打破了一些展览常规，除了邀请一些艺术界的专家学者以外，更多的还邀请到社会学、哲学、历史学、人类学等跨领域跨学科的专家和学者，我想听听来自不同领域的声音。

刘　淳：在今天，你觉得新的展览理念可以改变艺术原有的形态吗？

邱光平：应该可以吧。

刘　淳：德国新表现主义艺术家安瑟姆·基佛尔曾经说过："艺术，总是在没落中升起"。那么，艺术家又该怎样呢？

邱光平：我觉得我一直没落着，像《西西弗斯神话》中不断搬运石头的
人。艺术家总是一会在山顶，一会在谷底，纠结与纠缠始终伴
随着。我挺享受搬运过程中煎熬痛苦的，因为，每一张作品完
成时，都会有一种登顶时的喜悦。

刘　淳：有人说，无保护状态是艺术家的命运，因为他选择了一个直面
畏惧的位置。你觉得你选择的是这样的位置吗？

邱光平：只要不违背自己的良心，真诚地对待艺术，尊重内心，还有什
么可以畏惧的呢？任何力量都不能阻挡艺术向前发展的脚步，
我愿意为之奋斗终生。

刘　淳：你已经将艺术的事变成人生的事，变成提升精神境界的事情。
祝愿你在未来，创作更多的好作品。

邱光平：谢谢刘淳老师两天的辛苦工作，您已经将我问的一丝不挂了。
这一次，您帮我重新认识了自己，现在我可以卸掉好多包袱，
准备重新出发了。

采访日期：2014 年 7 月 8 日

（完）

作者刘淳与邱光平于浓园国际艺术村

邱光平简历

1975 年6 月出生于四川荣县。1996 年毕业于四川美术学院。2003-2006 年就读于四川大学艺术学院，获硕士学位。现任教于四川大学锦城学院，教授。

个展
2015 年4 月24 日，"墟境——邱光平作品展"，西安美术馆，西安，中国
2013 年9 月6 日，"第四届广州三年展特别项目展：'天堂——邱光平作品展'"，
广东美术馆，广州，中国
2010 年12 月31 日，"'昨世今生'——2010 邱光平当代艺术展"，
温州博物馆，温州，中国
2009 年8 月22 日，"'四面楚歌'——邱光平·作品展"，上海美术馆，上海，中国

联 展
2015
"中国乐山·峨眉首届艺术双年展"，
乐山市文化馆展厅、峨眉山市水晶广场展馆，乐山、峨眉，中国
"'翰墨缘，情归故里'——自贡籍海内外当代艺术名家邀请展"，
南湖自贡市艺术展厅，自贡彩灯博物馆，自贡，中国
2014
"'气象·格局'——中国新当代艺术展"，华珍门艺术馆，宁波，中国
"'今日有约'——国际当代油画·雕塑作品展"，文轩美术馆，成都，中国
"半山半岛·中国'新当代'艺术展"，半岛·藏家文化艺术中心展馆，三亚，中国
"第130 届法国巴黎大皇宫独立艺术家作品展"，巴黎大皇宫，巴黎，法国
"'痛感'——当前绘画艺术探索展"，树美术馆，北京，中国
"'文轩·新象'——当代艺术百人邀请展"，文轩美术馆，成都，中国
"第28 届亚洲国际美术展"，广东美术馆，广州，中国
2013
"'未曾呈现的声音'——第55 届威尼斯双年展平行展"，
威尼斯军械库，威尼斯，意大利
2012
"'溯源之旅'——中美艺术家大凉山采风行"，淡堂今日美术馆，西昌，中国
"'方向感'——2012 成都春季艺术沙龙"，四川大学美术馆，成都，中国
"'社会风景'——首届苏州金鸡湖双年展"，巴塞当代美术馆，苏州，中国
"'开仓纳粮'——2012 艺术粮仓当代艺术展"，洛带艺术粮仓，成都，中国
"'超越肉身'——中国当代艺术国际巡回展"，
豪尔德学院罗斯美术馆，马里兰州，美国

"'中国娇子'——未来大师发现展"，文轩美术馆，成都，中国

2011

"'东方妙音——朝向自然的当代艺术'，

第九届A-one中·日·韩艺术交流展"，南美术馆，广州，中国

"'乡愁与相遇'——南京、杭州、成都、重庆当代艺术巡回展"，

南京青和当代美术馆，南京，中国、杭州汉品艺术空间，杭州，中国、

成都蓝顶美术馆，成都，中国、重庆大剧院艺术展厅，重庆，中国

"流动艺术'超现实波普'——当代艺术展"，悦·美术馆，北京798艺术区，中国

"'燃点'——中国当代艺术邀请展"，西昌火把广场艺展厅，西昌，中国

"'破格'——成都春沙商业计划(第一季)"，廊桥当代艺术空间，成都，中国

"'醉翁之意'——当代艺术邀请展"，成都美术馆，成都，中国

"'绘事·画意'——艺术粮仓2011春季开放展"，洛带艺术粮仓，成都，中国

2010

"'隐形的翅膀'——艺术展"，北京时代美术馆，北京，中国

"2010(第十四届)上海艺术博览会国际当代艺术展"，上海世贸商城，上海，中国

"'禽兽人间'——孟涛·邱光平艺术展"，四川省博物院，成都，中国

"2010成都春季沙龙艺术展"，四川大学美术馆，成都，中国

2009

"'梦·境'——中外艺术家联展"，3+3艺术空间，北京，中国

"'极地张力'——北京、成都、上海三地艺术家联展"，

洛带艺术粮仓，成都，中国

"'当下艺术的文化现象'——首届重庆青年美术双年展"，

国际会展中心，重庆，中国

"2009(第十三届)上海艺术博览会国际当代艺术展"，上海世贸商城，上海，中国

"'源点'——三人展"，MANO画廊，798艺术区，北京，中国

2008

"迈阿密·巴塞尔沙滩艺术博览会"，迈阿密海滩会议中心，迈阿密，美国

"2008首届'西南力量'——当代艺术邀请(巡回)展"，原弓美术馆，上海，中国、

22艺术区，多道画廊，深圳，中国、四川省美术馆，成都，中国

"'未来天空'——中国青年当代艺术家提名展"，北京今日美术馆，北京，中国

"'艺术成都·魅力之都'——四川当代油画邀请展"，麓山国际，成都，中国

"纽约亚洲艺术博览会"，纽约92号码头PIER 92展厅，纽约，美国

"韩国国际当代艺术博览会"，首尔会展中心，首尔，韩国

"'根源'——当代艺术家联展"，3AW画廊，巴黎，法国

"第十二届上海艺术博览会"，上海世贸商城，上海，中国

"'双城记'——青岛成都当代艺术对话展"，天元美术馆，青岛、廊桥当代艺术空间，成都，中国

"'格差·现实'——当代艺术邀请展"，龙乐艺术，上海，中国

"第39届巴塞尔艺术博览会"，巴塞尔，瑞士

"亚洲国际当代艺术展"，亚洲博览馆，香港，中国

"2008成都春季艺术沙龙"，世纪城国际新会展中心，成都，中国

"上海春季艺术沙龙'99艺术网'提名展"，上海世贸商城，上海，中国

"蓝色沸点亚洲新艺术"，首尔当代艺术中心，首尔，韩国

"意大利博洛尼亚博览会"，博洛尼亚艺术中心，博洛尼亚，意大利

2007

"'劳作与诗意'——当代艺术邀请展"，广州扉艺廊，广州，中国

"上海艺博会青年艺术家推介展(亚洲)"，上海世贸商城，上海，中国

"'透明之局'——原弓当代艺术西藏艺术活动"，拉萨–珠峰大本营，拉萨，中国

"'中国感觉，成都魅力'——中国当代视觉艺术北美展"，

阿尔伯塔美术馆，阿尔伯塔，加拿大

"2007'新动力·中国'——当代艺术家题名展，上海美术馆，上海，中国

"2007'新动力·中国'——当代艺术家题名展无锡邀请展"，

无锡市博物馆，无锡，中国

2006

"2006(第十届)上海艺术博览会"，上海世贸商城，上海，中国

"首届2006'新动力·中国'——当代艺术双年展"，原弓美术馆，上海，中国

"首届2006'新动力·中国'——当代艺术北京邀请展"，

宋庄壹号美术馆，北京，中国

"'观看身边，身边观看'——了了油画展"，了了阁画廊，成都，中国

"2006'成都春季沙龙艺术展'"，四川大学美术馆，成都，中国

组织活动

2011

策划"破格"成都春沙商业计划巡回展

2010

拍摄《昨世今生》邱光平艺术大型专题片

参与规划设计"成都国际艺术村·浓园"，创建邱光平艺术工作室

媒体采访及作品刊登

2015

《美术文献》4月刊封面专题、《现代青年》2月刊封面人物

2014

成都电视台《成视早新闻》，12月12日、海外版欧洲刊《人民日报》，12月10日

《名堂Palace》12月刊、《华西都市报》12月4日、上雅昌艺术网头条，12月1日

《今日中国》采访，11月30日、法国国际广播电台采访，11月30日

法国报刊《华人街》，11月27日、上雅昌艺术网头条，11月27日

上艺术国际网头条，11月26日、《艺术专线》2014年11月刊

《Best100》2014 年第9 期 、《映像》2014 年第8 期

《公司别墅》2014 年第7 期 、《美术文献》4 月刊

《新视觉》2014 年第3 辑、《艺术村》2014 年第1 期

2013

《画廊》2013 年第174 期 、《艺术虫》13 年NO/12 双月刊

《国家美术》2013 年第11 期、《中国百老汇上层》2013 年第11 期

《画音》2013 年第10 期、《GALLERY SIGHTS》2013 年第10 期

《新视觉》2013 年第9 期、《艺术当代》2013 年第9 期

《艺术汇》2013 年第9 期、《精英会》2013 年7 周年特刊

《艺术当代》2013 年第7 期、《中国娇子》2013 年4 月刊

《文化市场》2013 年第3 期、《包容》2013 年第3 期

2012

《方向》2012 年第1 期

2011

《大艺术》2011 年15 期 、《中国百老汇上层》2011 年第1 期

《艺术当代》2011 年第5 期、《中国百老汇上层》2011 年第4 期

《浓园年度展》2011 年

2010

《艺术指南》2010 年第6 期、《典藏投资》2010 年第38 期

《中国百老汇上层》2010 年第3 期、接受凤凰卫视《投资与收藏》栏目采访

当选《库艺术》2010 年度风云人物

2009

《艺术时代》2009 年第12 期、《艺术当代》2009 年7 期

《国家美术》、当选《库艺术》2009 年度风云人物

5 月接受凤凰卫视和艺术国际网专访

2008

7 月接受四川数字电视《投资与收藏》栏目专访

《大艺术》2008 年第10 期

2007

《大艺术》2007 年10 期、《东方早报》2007 年9 期

作品刊登《今艺术》2007 年第8 期、7 月接受凤凰卫视《投资与收藏》栏目采访

《当代美术家》2007 年第4 期

出版物

《墟境－－邱光平作品》（四川美术出版社 2015 年）

《天堂－－邱光平作品展》（河北美术出版社 2013 年）

《人马座升空》（成都时代出版社 2012 年）

《邱光平艺术》（四川美术出版社 2010 年）

《禽兽人间》（四川美术出版社 2010 年）
《邱光平》（河北美术出版社 2009 年）

纪录片
《日照西山--- 邱光平'转转转'千山万水艺术体验之西藏》2014 年
《三角洲计划》2013 年
《天堂之路》 2013 年
《心灵之旅》2011 年
《昨世今生》 2010 年

公共收藏
广东美术馆
温州博物馆
无锡运河博物馆
成龙中国慈善基金会
上海原弓美术馆